Baldur Kirchner – Angstbewältigung durch Glauben

Baldur Kirchner

ANGSTBEWÄLTIGUNG DURCH GLAUBEN

Eine Anleitung zur Selbstfindung für den Menschen der Gegenwart

Edition
Glauben aktuell

Edition Glauben aktuell
M & T Verlag AG
CH-8040 Zürich
ISBN-3-7265-1504-6

Für

Alexander
Tobias
Sebastian

Inhaltsverzeichnis

Vorwort

Dieses Buch geht von der Prämisse aus, dass Persönlichkeitsbildung zu unserer elementaren Lebensaufgabe gehört. Wenn Sie dies für sich selbst akzeptieren, dann werde ich Sie ansprechen können. Ich habe es für Sie geschrieben, der Sie bereit sind, Ihr Leben neu zu überdenken.

Ich beabsichtige, mit diesem Buch auch jene Menschen zu erreichen, die häufig einen Leidensdruck in sich spüren. Dabei denke ich an Depressionen, Ausweglosigkeit, Lebensangst. Zwei Erfahrungen haben mich vor allem ermuntert, die Gedanken dieses Buches zu veröffentlichen:

- Trotz einer psychisch gestörten Kindheit und Jugend gibt es Wege zu einer stabilen Persönlichkeitsstruktur im Erwachsenenalter. Damit will ich jenen Menschen Hoffnung geben, die möglicherweise schon längere Zeit in einem resignativen Stadium leben.
- Die Zahl der nach einem tieferen Lebensinhalt Suchenden wächst täglich in kaum vorstellbarer Weise. Ich bin solchen Menschen in den letzten zwölf Jahren oft begegnet. Betroffen stimmte mich die Tatsache, dass zahlreiche Führungspersönlichkeiten ihre eigene Seelenführung mit grossem Abstand betrachteten.

Mit dem Thema dieses Buches betreten wir das Grenzgebiet zwischen Tiefenpsychologie und Religion. Der Tiefenpsychologie ordne ich eine analysierende, der Religion eine therapierende Funktion zu. Weil die psychotherapeutische Hilfeleistung begrenzt ist, sehe ich in der Glaubensbeziehung die letztlich einzige stabilisierende Kraft für die menschliche Psyche. Diese Gewissheit, die ich selbst erfahren, erlebt habe, fand ich auch durch andere in vielen Begegnungen bestätigt.

Meine Aussagen beziehen sich ausschliesslich auf die christliche Religion. Ich berufe mich auf die Aussagen des Neuen Testamentes, zitiert nach der Einheitsübersetzung.

Zu besonderem Dank bin ich meinem Freund und Lehrer, Prof. Balthasar Staehelin, verpflichtet. Er führt mich auf meinem geistlichen Weg und gibt mir entscheidende Impulse für meinen Lebensinhalt: die Christusverwirklichung.

Dank sei auch allen Teilnehmern meiner Seminare für Persönlichkeitsbildung gesagt. Sie haben mich bestärkt in der Absicht, die Gedanken des Buches so darzulegen, wie ich sie nun Ihnen, dem Leser, anbiete.

Seminarhaus Ettenbeuren — Baldur Kirchner
Dezember 1983

Einleitende Bemerkungen zum Thema «Angst»

Die Angst gehört elementar zu unserem Leben. Sie ist so elementar wie die Flucht des Menschen vor ihr oder wie seine Bemühungen, ihr nach aussen hin wenigstens ein einigermassen erträgliches Gesicht zu geben.

In der Familie der negativen Gefühle überragt die Angst ihre Geschwister erheblich. Oft tritt sie mit den anderen negativen Gefühlen des Menschen eng verwoben auf: mit Mindergefühlen, mit Schuldgefühlen, mit Schamgefühlen. Dann kann sie die Lebensführung eines Menschen besonders beeinträchtigen. Wenn uns auch fast täglich Methoden und Wege angeboten werden, eine absolute Angstfreiheit zu erreichen: Wer Angstfreiheit verspricht, entfernt sich von der Wirklichkeit des menschlichen Seins. Ich rate Ihnen, sich keine illusorischen und irrealen Erwartungen einreden zu lassen.

Im allgemeinen verbinden wir mit der «Angst» eine Besorgnis vor Daseinsnot, vor einer Beeinträchtigung oder gar vor dem Verlust unseres Lebens. Im «Buch Jona» finden wir dazu eine markante Stelle:

> «Aber der Herr liess auf dem Meer einen heftigen Wind losbrechen; es entstand ein gewaltiger Seesturm, und das Schiff drohte auseinanderzubrechen. Die Seeleute bekamen Angst, und jeder schrie zu seinem Gott um Hilfe. Sie warfen sogar die Ladung ins Meer, damit das Schiff leichter wurde.» (Jona 1, 4-5)

Die Angst erschüttert unser Wesen, lässt uns kopflos handeln oder lähmt uns gänzlich. Die Angst gebiert Kräfte in uns, bricht uns innerlich auf oder schnürt uns zu. Im Neuen Testament erleben die Jünger folgendes:

«In der vierten Nachtwache kam Jesus zu ihnen; er ging auf dem See. Als ihn die Jünger über den See kommen sahen, erschraken sie, weil sie meinten, es sei ein Gespenst, und sie schrien vor Angst.» (Mt 14,25-26)

Das menschliche Individuum spürt den Drang, sich einer Not oder Gefahr zu entziehen. Kollektive und individuelle Ängste existieren unabhängig von der Kultur und dem Entwicklungsstand eines Volkes. Im Laufe der Menschheitsentwicklung haben sich lediglich die Angstobjekte, die angstauslösenden Phänomene gewandelt.

Wenn es uns auch gelingt, durch technische und wissenschaftliche Entwicklung Fortschritte zu erzielen und dadurch bestimmte Ängste auszuschalten, so tauschen wir dafür nur neue Ängste ein. Angst vor Krankheiten, vor dem Alter, vor der Einsamkeit, besonders die Angst vor den zerstörerischen atomaren Kräften kennzeichnen die Angstinhalte des heutigen Menschen. Der Fortschritt nimmt uns unsere Ängste nicht!

Die eigenen Ängste anzunehmen und zu meistern, bedeutet einen deutlichen Entwicklungsschritt in der Entfaltung der Persönlichkeit.

- Wer vor der Angst ausweicht, vor der Auseinandersetzung mit ihr flieht, kann sich psychisch nicht weiterentwickeln.

Jede Entwicklung, jede Reifung ist mit Angst verbunden. Wir tragen die Angst in uns, dem Neuen, dem noch nicht Erfahrenen nicht gewachsen zu sein. Jede Entwicklung ist aber auch mit Angstbewältigung, mit Angstüberwindung verbunden. Denn Entwicklung bedeutet ja auch Grenzüberschreitung, sich hineinzuleben in Unvertrautes, Ungewohntes, Unerkanntes.

Somit wird Angstbewältigung zum Ausdrucksmittel für dynamische Lebensführung.

Im Rahmen dieses Buches ist es mein besonderes Anliegen, jene Menschen anzusprechen, die sich durch ihre Ängste existentiell belastet fühlen.

Die folgenden Kapitel und Abschnitte sind inhaltlich eng miteinander verknüpft. Manchmal werden bereits geäusserte Gedanken in einem neuen Gewand auftauchen. Dies muss deshalb geschehen, weil Störungen in der psychischen Entwicklung des Kindes viele unterschiedliche Spuren hinterlassen.

Wer jedoch zur Selbstfindung gelangen will, kann nicht darauf verzichten, die verschiedenen Spuren seiner Kindheitsentwicklung im Lebensgefühl des Erwachsenen zu betrachten.

Wenn ich manche kritisch-analytische Bemerkung formuliere, so geschieht dies deshalb, weil ich Sie auf mögliche Störungen in Ihrer eigenen Persönlichkeitsentwicklung hinweisen will. In den späteren Kapiteln werde ich Wege zu Ihrer Selbstfindung ebnen.

Kapitel I

Der Haben-orientierte Mensch

1. Das Besitzstreben

2. Verwöhnung und Haben-Orientierung

3. Die Fremdsteuerung als Ausdruck des gestörten Selbstwertes

4. Haben und Loslassen

Unser Leben verläuft im dualistischen Spannungsfeld von Haben und Sein. In den nun folgenden Ausführungen beleuchte ich die Haben-Orientierung des Menschen. Ich bespreche im einzelnen die Beziehung, die besteht zwischen dem Besitzstreben des Kindes, den erzieherischen Massnahmen und der angstauslösenden Wirkung im späteren Leben.

1. Das Besitzstreben

Weil der Mensch von Geburt an hilflos ist, wird er in ein Beziehungssystem hineingeboren, das ihn auffängt und für längere Zeit trägt. Die markanteste Erscheinung der frühkindlichen Erlebniswelt ist die Mutter. Von ihr hängt der grösste Teil des emotionalen kindlichen Erlebens ab. Das Kind wiederum prägt einen Teil des Lebensgefühles der Mutter. Sie hatte neun Monate Zeit, sich auf eine Harmonie mit dem Kind einzustimmen. In der pränatalen Phase erreichen Mutter und Kind eine Identität, die im späteren Leben nicht mehr wiederkehrt. Noch ein wenig härter ausgedrückt: Die Geburt stört die vollkommene Harmonie, die Mutter und Kind miteinander verbindet. Nach seiner Geburt erlebt das Kind den schwersten Schmerz, der im unbewussten Bereich seiner Psyche lange schlummern wird: die Trennung von der Mutter.

Der Mensch ist vom ersten Lebenstag an darauf angewiesen, aufgenommen und angenommen zu werden. Die Nahrung, die es von der Brust oder aus der Hand der Mutter erhält, stärkt den Körper und die Seele des Kindes. Seine Aktivitäten sind zunächst ausschliesslich auf Befriedigung ausgerichtet. Wenn eine Mutter ihr Kind stillt, umarmt, zärtlich liebkost, so stellt sie annähernd den «paradiesischen Zustand» her, den das Kind im Mutterleib erlebt hat.

Im Laufe der nächsten Monate erfährt das Kind durch die Reaktionen der Mutter mehr und mehr, dass es mit seinen

Forderungen und Verhaltensweisen akzeptiert ist. Allerdings sei auch sehr deutlich gesagt:

- Eine Mutter wird ihr Kind um so eher akzeptieren und lieben können, je mehr sie selbst frei ist von Erwartungen und Projektionen dem Kinde gegenüber.

Ein Kind bildet niemals den Besitz der Mutter (der Eltern), sondern bedeutet Bereicherung und Erweiterung der mütterlichen Erfahrungswelt. Das Leben des Kindes, das der Mutter anvertraut ist, verlangt die bedingungslose Zuwendung, die eine Mutter-Kind-Beziehung je hergeben kann. Ja, ich meine, dass diese Beziehung wegen ihrer notwendigen elementaren Bedingungslosigkeit das seelische Gedeihen des Kindes zunächst ausschlaggebend bestimmt. Da die kindliche Erfahrungswelt aus Gefühlen besteht, ist auch das Erlebnis der Akzeptanz durch die Mutter ein emotionales Erlebnis. Auf der Ebene der Gefühle pflanzt die Mutter in die Unbewusstheit des Kindes die Beziehung ein: Ich nehme dich an – dein Leben ist wertvoll für mich – alle meine Bemühungen kreisen um dich und umsorgen dich.

Realistisch belegbar und nachvollziehbar wird diese Beziehung durch den ständig erlebten Hautkontakt, der an den zentralen Stellen – im oralen und analen Bereich – den Lustgewinn der dermatalen Phase des Kindes zum Höhepunkt führt. In diesen Identifikationsprozess mischt sich im Laufe der ersten beiden Lebensjahre das Erlebnis des Kindes, seinen Körper entdeckt und ihn zum Lebensmittelpunkt erwählt zu haben.

- Mit der positiven Beziehung zum eigenen Körper ist für das Kind die Grundlage für die Entfaltung des Besitzstrebens gelegt.

Wo sich ein Kind in seinem körperlichen Erscheinungsbild, seiner Geschlechtlichkeit angenommen fühlt, kann es seine Aufmerksamkeit unbesorgt auf die weitere «Eroberung» und Erkundung der Aussenwelt lenken.

Der Antrieb im Kinde, der es befähigt, auf seine Aussenwelt zuzugehen, beginnt mit der Akzeptanz durch das Du. Diese Akzeptanz wiederum entsteht aus der Integration des kindlichen Ichs in die lebensbejahende Grundhaltung der Mutter.

Das unbewusste Vertrauen des Kindes in die Person der Mutter schlägt eine stabile Brücke zur Lebensaktivität hin. Ein Kind, das sich existentiell bejaht fühlt, spürt auch den Drang, dieser Bejahung Ausdruck zu geben. Weil es in der Atmosphäre der Geborgenheit durch die Bezugsperson agiert, an keine emotionalen Hindernisse stösst, wagt es die ersten Schritte kindlicher Selbstverwirklichung. Dazu wird es ermuntert von dem Gefühl, einen eigenen Wert zu besitzen und sich deshalb ganz in die Aktivitäten seines jungen Lebens einbringen zu dürfen. Das Vertrauen des Kindes in seine Aussenwelt ist grenzenlos.

Das Besitzstreben des Kindes ist ein Ausdruck der positiven Beziehung zu seiner Umgebung. Im wahrsten Sinne des Wortes «greift» das Kind die Erscheinungen seines Alltags auf. Da der Mensch von Geburt an ein begehrendes, nach Besitz strebendes Wesen ist, richtet sich das gesamte kindliche Antriebsgeschehen darauf aus, durch Be-greifen zu besitzen. Für das Kind liegt wirkliches Erleben im Be-greifen. Erlebnisse sind ja die Nahrung der Seele.

- Dass das Kind durch Betasten und Begreifen sich eigene Erlebnisse verschafft, ist ein Ausdruck seines Selbstvertrauens.

Zunächst sind die Hände die Wegbereiter, die zu Tischdekke, Vase, Schrank, Teller, Herd und Schlüsseln führen.

- Das kindliche Greifen und Begreifen ist notwendig, um die Distanz zur Aussenwelt zu überwinden.

Wirkliches Begreifen verlangt also intime und direkte Beschäftigung mit dem Angebotenen. Später, wenn wir die Erscheinungsformen der Welt und des Lebens begreifen, wenn wir auf diese Erscheinungsformen zugehen, lassen wir uns nur noch bedingt von unseren Händen leiten. Verstand und Gefühl haben die Primärfunktionen übernommen für unsere Lebensorientierung.

- So wie Sie als Kind die Welt erleben durften, werden Sie auch als Erwachsener das Erreichbare ansteuern, die in Reichweite liegenden Chancen Ihres Lebens «be-greifen» und nutzen.

Das Besitzstreben des Kindes bildet eine elementare Grundlage, körperlich und psychisch aus eigenem Antrieb auf Menschen und auf Lebensaufgaben zugehen zu können. Wird das Entfaltungsbedürfnis des Kindes durch zu starre elterliche Normen gebremst, so entstehen Ängste statt Vertrauen, Skepsis statt Spontaneität, Abwehrhaltungen statt Dynamik. Für viele Erwachsene ist es in den späteren Jahren schwer, die zwanghafte, kategorisierte Welt der Kindheit zu überwinden. Nur mit Mühe können sich solche Menschen zu einem aktiven, selbstgestalteten Leben aufschwingen.

2. *Verwöhnung und Haben-Orientierung*

Das Besitzstreben ist ein natürliches, notwendiges, stabilisierendes Element in der psychischen Entwicklung des Kindes. Die Haben-Orientierung erscheint so als ein normaler Vorgang in der kindlichen Psyche. Das kindliche Antriebsgeschehen empfängt daraus lenkende Impulse.

Nun beobachten wir im erzieherischen Alltag noch eine weitere Erscheinung, die scheinbar dem Liebeswillen der Bezugspersonen dem Kinde gegenüber entspringt: die Verwöhnung. Ich verstehe hier unter «Verwöhnung» eine ständige Wunscherfüllung, eine häufige Bedürfnisbefriedigung für das Kind, ohne das eigene Zutun des Kindes gefordert zu haben.

Ich möchte hier nicht falsch interpretiert werden: Gemeint ist nicht die Verwöhnung als besondere, liebevolle Geste.

Aus welchen Gründen verwöhnen Eltern ihre Kinder? Ich habe drei Verhaltensweisen beobachtet:

a) aus Schuldgefühlen
b) aus Bequemlichkeit
c) aus emotionaler Distanz.

Es ist nicht meine Absicht, diese Gründe familienanalytisch zu beleuchten. Mir geht es mehr darum, die Verwöhnung in ihrer belastenden Konsequenz darzustellen, ihre persönlichkeitsdeformierende Wirkung zu kennzeichnen.

Ständige Verwöhnung führt zu einer Haben-Fixierung! Dieser Prozess ereignet sich nicht in drei Tagen. Vielmehr ist es eine mehrjährige Bewusstseinsbildung, die in der Kindheit beginnt und sich in der Partnerschaft zwischen Mann und Frau fortsetzt. Der römische Stoiker Seneca sagt: «Arm ist nicht, wer wenig besitzt, sondern, wer viel wünscht.» Damit ist eine wesentliche Auswirkung des Verwöhnens ausgedrückt: das häufige Streben nach Wunscherfüllung. Kinder und Erwachsene, die ihre Wünsche stets erfüllt sehen, leben in immer neuen Wunschrealisationen. Das Wünschen wird zum Lebensinhalt, die Verwöhnung zu einer Pseudo-Geborgenheit.

- Wer ständig wünscht, lebt statisch, lebt in ständigen Erwartungen an andere.

Die meisten Bezugspersonen bedenken nicht, dass die Lebensfreude des Verwöhnten kurzlebig ist. Sie reicht von Verwöhnung zu Verwöhnung. Da dem verwöhnten Menschen die Aktivität erspart bleibt, für die eigene Wunscherfüllung selbst zu sorgen, wird die Passivität mehr und mehr zum Bestandteil seiner Lebensrealität. Ich konnte in zahlreichen analytischen Gesprächen beobachten, dass der verwöhnte Mensch zu einem aggressiv-fordernden Verhalten neigt. Dies tritt um so stärker zu Tage, je mehr die Verwöhnung zur einzigen Form der Zuwendung gegenüber dem anderen geworden ist.

In der Analyse von Partnerbeziehungen konnte ich erleben, dass die Verwöhnung im Laufe der Jahre zu einer starren Rollenfixierung geführt hatte: zum nur Gebenden und zum nur Nehmenden. Der gebende Partner resigniert nach einigen Jahren, während der nehmende Partner mit immer neuen Forderungen und Erwartungen auftritt.

Verwöhnung hat nichts mit Liebe zu tun. Sie ist bestenfalls eine verkrüppelte Form ehemals gewachsener Liebesintentionen. Verwöhnung ist deshalb nicht mit Liebe in Verbindung zu bringen, weil Liebe keine Abhängigkeit schafft. Verwöhnung dagegen führt in die Abhängigkeit. Damit kann sie eine fatale Spur in den Lebensweg eines Menschen graben.

Noch unter einem anderen Aspekt sei die Verwöhnung betrachtet. Ich meine die Blockade des kindlichen Antriebsgeschehens durch die Bevormundung der Bezugspersonen. Viele Kinder werden daran gehindert, Selbständigkeit zu erlangen, weil die Eltern glauben, alles für ihr Kind tun zu müssen. Solche Eltern sind meist selbst sehr unsicher in ihrer Lebensführung, kämpfen ständig um ihr eigenes Selbstvertrauen. Sie hemmen die Initiativen des Kindes, weil sie dem Kinde mit Angst und Misstrauen begegnen. Sie legen sich wie ein grosser Schatten auf das Leben des Kindes und erziehen in eine infantile Hilflosigkeit hinein. Durch die Abhängigkeit, die diese Bezugspersonen schaffen, entwickeln sie im Kind das Gefühl, letztlich auf die Hilfe der Eltern nicht verzichten zu können. Von einer siebenundvierzigjährigen, unverheirateten (wie könnte es anders sein) Frau hörte ich, dass ihre Eltern – beide zwischen siebzig und achtzig Jahren – sagen: Wir dürfen ja noch gar nicht sterben, weil Du ohne uns nicht leben kannst.

- Blockaden im Antriebsgeschehen des Kindes bedeuten fast immer Hemmung der Eigeninitiative des späteren Erwachsenen.

Gewiss, meistens sind dies unbewusste Vorgänge. Viele Eltern werden sich gegen den Vorwurf wehren, ihr Kind für das spätere Leben blockiert zu haben. Doch zahlreiche Analysen von Personen, die in schwere Konflikte und Lebenskrisen geraten sind, beweisen, wie bedrückend sich die Dominanz der Bezugspersonen auf die Lebensinitiative des Heranwachsenden auswirken kann.

Sehr oft münden Hemmungen in Lebensangst, versperren den Zugang zum eigenen Ich, geben den Weg zum Du nicht frei.

- Wo die Lebensaktivität eines Menschen gebremst wird, ist die Entwicklung des Selbstwertgefühles sehr gefährdet.

3. Die Fremdsteuerung als Ausdruck des gestörten Selbstwertes

Wenn das Haben-Wollen zum handlungsbestimmenden Lebensinhalt geworden ist, vergrössert sich im Menschen die Angst, den erworbenen Besitz wieder verlieren zu können. Nun scheint diese Angst wohl natürlich zu sein. Denn: Wer ist nicht ständig besorgt, Hab und Gut zu hüten – bestimmen sie schliesslich einen Teil seiner Lebensfreude?

Diese Sorgen des Alltags meine ich auch nicht. Ich denke bei meinen Überlegungen an Menschen, deren Lebensgefühl, deren Selbsteinschätzung, deren Selbstwertgefühl von ihrem Besitz abhängt. Auch dabei wiederum will ich den Stolz eines Menschen nicht schmälern, die unter vielen persönlichen Opfern geschaffenen materiellen und immateriellen Werte vorweisen zu können.

Ich spreche vom fremdgesteuerten Menschen. Unter «Fremdsteuerung» verstehen wir eine soziale Beziehung, bei der das Selbstwertgefühl eines Menschen von Werten bestimmt wird, die ausserhalb seiner Persönlichkeit liegen. Genauer heisst das: Der Wert der eigenen Persönlichkeit wird vom Urteil, von den Bewertungen anderer geprägt. Es liegt nahe, dass sich der fremdgesteuerte Mensch mit Werten ausstattet, die in seinem sozialen Feld das Interesse, das Wohlgefallen, die Zuwendung des anderen finden. Damit aber lebt der fremdgesteuerte Mensch weitgehend reaktiv, hat sich in eine Abhängigkeit hineingelebt.

- Die Fremdsteuerung ist insofern ein Ausdruck des gestörten Selbstwertes, als die Selbstakzeptanz nicht aus der eigenen Persönlichkeit genährt, sondern vom Wertgefüge anderer gelenkt wird.

Jede Eltern-Kind-Beziehung trägt in bestimmten Phasen Merkmale der Fremdsteuerung in sich. Ein Kind wird ja in eine Unselbständigkeit hineingeboren, die es hilflos und abhängig erscheinen lässt. Erst die Nestwärme und Geborgenheit in der Familie verstärkt im Kind die Impulse zu lebensbejahendem Tun.

Ein Kind wird aber auch in ein Normengefüge seiner Bezugspersonen hineingeboren. Damit kann bereits der Grundstein für eine spätere Fremdsteuerung gelegt worden sein. In zahlreichen Familien wird ein grosser Teil des erzieherischen Geschehens davon bestimmt, darzulegen, «was die Leute von einem halten werden, wenn man anders lebt als die anderen». Durch eine solche jahrelange Bewusstseinsbildung muss im Heranwachsenden das Gefühl entstehen, dass die Ausrichtung nach der Norm anderer wichtiger ist, als sich auf sein eigenes Urteil und Grundgefühl zu verlassen.

Daraus entsteht das Handlungs- und Lebensprinzip:

- Weil mich andere akzeptieren, kann ich mich selbst akzeptieren. Also tue ich alles, damit ich stets von anderen angenommen werde.

Viele Ehen leiden unter dieser gestörten Selbstbewertung. Es liegt nahe, dass die Abhängigkeit des eigenen Selbstwertgefühles vom Urteil des Partners die eheliche Beziehung in existentielle Konflikte treiben kann.

Die Fremdsteuerung im Verhalten eines Menschen ist auch stets Ausdruck seiner Mindergefühle. Solche negativen Gefühle gegenüber dem eigenen Ich wurzeln in der Eltern-Kind-Beziehung. Sie können in den späteren Jahren noch verstärkt werden. Meistens liegt der Entstehung von Mindergefühlen das erzieherische Verhalten zugrunde: «Ich mag dich, wenn und weil du etwas leistest.» In anderen Varianten lautet die Maxime: «Ich mag dich, weil du meine Normen erfüllst.» Oder noch anders ausgedrückt: «Ich mag dich, weil du so geworden bist, wie ich es mir vorgestellt habe.»

- Wer wegen seiner Leistung geliebt wurde, sich wegen seines Könnens akzeptiert fühlte, entwickelte Versagensängste, Ängste vor Zuwendungsentzug und Ängste vor Profilverlust.

Das wichtigste Prinzip in der Eltern-Kind-Beziehung kann nur heissen: *«Ich mag dich, weil du existierst.»*

Die früh entstandenen Mindergefühle lassen auch schon in früher Kindheit und Jugend eine Fülle von Kompensationsmechanismen erkennen, die im allgemeinen auch im Erwachsenenalter beibehalten werden.

Das können wir am Erwerb materieller und immaterieller Werte deutlich beobachten. Gewiss, wir finden fast immer plausible Erklärungen, mit denen wir Besitz, Profil und Status rechtfertigen können. Letztlich aber mag jeder für sich allein entscheiden, was ihn motiviert hat, sich an bestimmte Werte zu binden.

Woran ist der fremdgesteuerte Mensch besonders erkennbar? Er ist vor allem ein egozentrierter Mensch. Dies betrifft sein kommunikatives Verhalten. Seine narzisstische Tendenz lässt ihn selbst am liebsten und am meisten zum Gegenstand seiner Darstellung werden. Bringen wir die Mindergefühle des fremdgesteuerten Menschen mit seiner Selbstdarstellung in

Verbindung, so wird sie uns verständlicher. Die Angst, zu versagen und dadurch vor sich selbst und vor den anderen mit leeren Händen dazustehen, weckt im fremdgesteuerten Menschen oft eine übersteigerte Aktivität. Wer auf vielen Hochzeiten tanzt, erhält häufiger Gelegenheit, sich zu profilieren.

Häufig Lob und Anerkennung zu erhalten – das ist eines der wichtigsten Verhaltensprinzipien des fremdgesteuerten Menschen. Aus diesem Grunde zeigt er ein gefallsüchtiges Benehmen, das ihn bei manchen abstösst. Wer ständig über seine Leistungen und seine Werte spricht, erntet aber nicht nur Lob.

Manche Menschen bedienen sich nicht auffallender, sondern subtiler Formen der Selbstaufwertung. Da materieller Status für sie selbstverständlich ist, wandeln sie auf jenen Wegen, zu denen sie ihre Intellektualität befähigt. So habe ich viele Personen kennengelernt, die durch die ständige Betonung immaterieller Werte ihre Fremdsteuerung verrieten.

Drei Wertbereiche fielen mir auf:

a) Den sprachlichen Ausdruck zu benutzen, um sich von anderen abzugrenzen; dadurch schaffen solche Personen eine soziale Distanz, aus der sie sich Anerkennung und Aufwertung durch ihre Gesprächspartner erhoffen. So wird Sprache nicht zur Brücke, nicht zum Medium, sondern zur sozialen Barriere, zu einer hierarchischen Bedrohung.

b) Sich vor allem in einer hierarchischen Beziehung als Informationsträger darzustellen, anderen mitzuteilen, im Besitze bestimmter Informationen zu sein, diese Informationen aber nicht an andere weiterzugeben. Diese Menschen machen sich interessant und wichtig, betonen ihren Persönlichkeitswert dadurch, dass sie allein «auserwählt» seien, Kenntnisse über Zusammenhänge und Gegebenheiten zu besitzen.

c) Der dritte Wertbereich betrifft die Beziehung zu elitären Personen oder Gruppen. Ich sah einmal eine Karikatur, auf der in drei Stufen die Entwicklung einer Elite skizziert war. Auf jeder Stufe stand eine andere Bezeichnung für ein Lebewesen. Sie lautete in der aufstrebenden Leiter: Affe, Mensch, Rotarier. Der fremdgesteuerte Mensch kompensiert seine Mindergefühle oft dadurch, dass er sich in die Nähe von Personen oder Gruppen rückt, die im Ansehen des grössten Teiles seines sozialen Feldes angesiedelt sind.

Das Leben des fremdgesteuerten Menschen wird von der Haben-Orientierung bestimmt. Er ist von Ängsten gebunden, und diese hindern ihn daran, in die Mündigkeit seines Ichs hineinzuwachsen.

4. *Haben und Loslassen*

Der Haben-orientierte Mensch ist in seiner Wesenstiefe vom Streben nach Besitz erfüllt. Das Bewusstsein, bestimmte materielle oder immaterielle Werte zu besitzen, verleiht ihm das Gefühl der Sicherheit. Zugleich lebt ein solcher Mensch in der Angst, den Besitz verlieren zu können. Dies ist deshalb belastend für ihn, weil sein Selbstwertgefühl elementar aus dem Haben genährt wird.

- Wenn das Haben den Lebensinhalt bestimmt, bleibt die Lebensaktivität auf Bedürfnisbefriedigung für das Ich beschränkt.

Somit begreift der Haben-orientierte Mensch sich selbst nur über seine Bedürfnisse. Der Zugang zu ihm selbst über das Du aber bleibt ihm weitgehend versperrt.

- Wer im Netz seines Ichs verfangen lebt, weiss meist keinen Weg zum anderen.

Letztlich aber begreift das menschliche Individuum sich nur im Du. Dazu wird in den späteren Kapiteln im Zusammenhang mit der Gesprächs- und Liebesfähigkeit noch einiges zu sagen sein. Auf welchem Wege nun kann ein Mensch zu seiner wirklichen Wesenstiefe gelangen?

Ich bin davon überzeugt, dass das erste Stadium auf diesem Wege der Verzicht ist. Unter «Verzicht» verstehe ich jene freie Willensleistung, die einen Menschen dazu befähigt, ohne Bedürfnisbefriedigung zu leben. Der Verzichtende spürt wegen seines Verzichtes auch kein negatives Lebensgefühl; ausserdem ist er frei von spekulativen Absichten, Ersatzbefriedigungen anzustreben.

Um verzichten zu können, ist es notwendig, etwas zu besitzen oder wenigstens ein Besitzangebot zu erhalten. In der Not der Nachkriegszeit fiel es meiner Mutter sicher nicht schwer, mich das Verzichten zu lehren. Auf eine Frage oder einen Wunsch, den ich äusserte, erhielt ich die Antwort: «Ich habe nichts. Ich kann es Dir nicht geben.» Ein Mensch, der auf Grund einer Zwangssituation zum Verzicht gebracht wurde, hat damit noch nicht den Nachweis erbracht, dass er auch unter freien Entscheidungsbedingungen verzichten kann. Ich möchte mit dieser Aussage jene Behauptung relativieren, nach der es wirtschaftlichen oder emotionalen Entbehrungsphasen wesensimmanent sei, das Verzichten als Persönlichkeitsmerkmal geschaffen zu haben. Ich zweifle nicht daran, dass persönliche, soziale Not die Bereitschaft zum Verzicht erhöhen kann.

Der Verzicht bildet die Grundlage, sich selbst begreifen zu können. Im Verzicht erst, im Nein zu seinen eigenen Wünschen, wird der Mensch an die Grenzen seiner Persönlichkeit geführt. Weil der Verzicht den Menschen körperlich und psychisch ungeheuer beansprucht, empfindet er das Verzichten als besondere Leistung. Eine Leistung aber vollbracht zu haben – das vermittelt ein tiefes Gefühl der Zufriedenheit und der Freude.

- Wirkliche Lebensfreude entspringt auf die Dauer nur dem eigenen Tun.

Ich betrachte Verzichten als Handeln. Die Fähigkeit zum Verzicht kennzeichnet die psychische Reife eines Menschen. Verzicht ist eine psychische Qualität.

Ich weiss, dass meine Aussagen zum Verzicht den Diskussionen über das Thema «Selbstverwirklichung» entgegenstehen. Sie kollidieren aber lediglich mit dem falschen Begriffsverständnis von Selbstverwirklichung. Der Wiener Arzt Viktor Frankl sagt über die Selbstverwirklichung folgendes: «Der Rummel um die Selbstverwirklichung ist ein Symptom des Scheiterns. Selbstverwirklichung sucht nur derjenige, der unfähig ist, den Sinn seines Lebens in etwas anderem zu finden als in seinem Egoismus.» Ich schliesse mich ganz dieser Auffassung an. Echte Selbstverwirklichung gibt es ohnehin nur im selbstlosen Handeln für das Du. Das Wort «selbstlos» ist für mich die sprachliche Brücke zu den weiteren Überlegungen. Wer «selbst-los» agiert, hat sich von seinen Bedürfnissen losgelöst. Er kann los-lassen. In der Fähigkeit, loslassen zu können, erreicht die Willensbildung eines Menschen ihre besondere Ausprägung.

- Wer loslassen kann, entscheidet selbst über die Erfüllung seiner Wünsche.

Erst die Autonomie des Willens verleiht der menschlichen Persönlichkeit Souveränität des Seins.

Wer verzichtet, der lässt seine Wünsche, seine Bedürfnisbefriedigung los. Dieses geistig-seelische Vermögen wird uns nicht im Schlaf geschenkt. Es ist eine elementare erzieherische Aufgabe, dem Kinde die Grenzen seiner Wunscherfüllung aufzuzeigen. Wer als Kind die gesunde Balance zwischen Haben und Verzicht erfahren hat, trägt damit ein stabiles Fundament für seine spätere Persönlichkeitsentwicklung in sich.

Je mehr es uns gelingt, die Haben-Orientierung abzulegen, desto geringer spüren wir Angst in uns.

Ein Beispiel mit starker symbolischer Aussagekraft über die Beziehung zwischen Haben und Loslassen finden wir wiederum im «Buch Jona» im Alten Testament. Es heisst dort:

> «Jona war in den untersten Raum des Schiffes hinabgestiegen, hatte sich hingelegt und schlief fest. Der Kapitän

ging zu ihm und sagte: Wie kannst du schlafen? Steh auf, ruf deinen Gott an; vielleicht denkt dieser Gott an uns, so dass wir nicht untergehen. Dann sagten sie zueinander: Kommt, wir wollen das Los werfen, um zu erfahren, wer an diesem unserem Unheil schuld ist. Sie warfen das Los, und es fiel auf Jona. Da fragten sie ihn: Sag uns, was treibst du für ein Gewerbe, und woher kommst du, aus welchem Land und aus welchem Volk? Er antwortete ihnen: Ich bin ein Hebräer und verehre Jahwe, den Gott des Himmels, der das Meer und das Festland gemacht hat. Da bekamen die Männer grosse Angst und sagten zu ihm: Warum hast du das getan? Denn sie erfuhren, dass er vor Jahwe auf der Flucht war; er hatte es ihnen erzählt. Und sie sagten zu ihm: Was sollen wir mit dir machen, damit das Meer sich beruhigt und uns verschont? Denn das Meer wurde immer stürmischer. Jona antwortete ihnen: Nehmt mich und werft mich ins Meer, damit das Meer sich beruhigt und euch verschont. Denn ich weiss, dass dieser gewaltige Sturm durch meine Schuld über euch gekommen ist. Die Männer aber ruderten mit aller Kraft, um wieder an Land zu kommen; doch sie richteten nichts aus, denn das Meer stürmte immer heftiger gegen sie an. Da riefen sie zu Jahwe: Ach Herr, lass uns nicht untergehen wegen dieses Mannes, und rechne uns, was wir jetzt tun, nicht als Vergehen an unschuldigem Blut an. Denn wie du wolltest, Herr, so hast du gehandelt. Dann nahmen sie Jona und warfen ihn ins Meer, und das Meer hörte auf zu toben. Da ergriff die Männer grosse Furcht vor Jahwe und sie schlachteten für Jahwe ein Opfer und machten ihm viele Gelübde.» (Jona 1, 5-16)

Jona personifiziert das Spannungsfeld, das sich zwischen Haben (Wünsche, Triebstruktur) und Loslassen (Verzicht, Opfer, Persönlichkeitswerte) erstreckt. Solange dieser Spannungsbogen nicht aufgelöst wird, bleibt die menschliche Psyche in ihrer Konfliktstruktur unverändert. Jona weiss, dass er durch seinen Konflikt die Existenznot anderer heraufbeschworen hat. Das tobende Meer steht als Symbol für ein stark belastetes Konfliktfeld. In Jonas Unbewusstem gewinnt die Tendenz zur Selbstablösung die Oberhand: Nehmt mich und werft mich ins Meer, damit das Meer sich beruhigt und euch verschont. Das Loslassen des eigenen Ichs löst ungeheure Kraft aus: «... und das Meer hörte auf zu toben». Noch eine andere Kraft geht von Jona aus: Die heidnischen Seeleute beginnen, zum Gott Jonas zu beten. Das bedeutet: Das Loslassen setzt Gefühle frei und führt dadurch zu Lebensaktivität.

Diese Geschichte des Jona ist zugleich ein Ausdruck des Mutes zur Lebensänderung. Der Mut zur Angstbewältigung ist der Mut zum Leben – zum Überleben. Jona überlebte. Er wurde von einem Fisch verschlungen und brachte drei Tage und drei Nächte im Bauch des Fisches zu.

Wer die Fähigkeit erworben hat, sich selbst loszulassen, besitzt die Voraussetzung, auf das Du zugehen zu können.

Kapitel II

Der Haben-orientierte Christ

1. Das kultische Leben
2. Die Gewissensbildung
3. Glaube und Handeln
4. Liebesfähigkeit

Ich greife den letzten Satz des ersten Kapitels auf, um eine Brücke zum Christsein zu schlagen. Christsein heisst: für den anderen zu leben. Am ehesten ist dazu jener Mensch in der Lage, der sich davon befreit hat, als primäres Lebensziel die Befriedigung seiner Bedürfnisse zu sehen. Weil dieses Ziel nicht in kurzer Zeit zu erreichen ist, sondern wir wohl ein ganzes Leben dazu benötigen, bezeichne ich Christwerden als ein geistig-psychisches Entwicklungsprogramm, an dessen Ende das Christsein steht. Das klingt ja alles ganz gut. Die Religiosität des Alltags aber bietet ein anderes Bild. Ich habe mich deshalb auch entschlossen, dieses Kapitel einzuflechten, weil und nachdem ich zahlreichen Personen begegnet bin, die ein anderes Christentum leben, als es Jesus Christus gelehrt hat. Ich fühlte mich auch nicht gedrängt, mich dazu kritisch zu äussern, wenn ich nicht erfahren hätte, dass diese Menschen in ihrem Verständnis von Christsein eine autoritäre Selbstverständlichkeit postulierten. Ich habe andererseits mit Menschen gesprochen, die sich von der institutionalisierten Autorität zurückgestossen fühlten, weil sie diese als drohend und angsterzeugend empfanden.

Die Lehre Jesu Christi enthält an erster Stelle Hinweise für die Persönlichkeitsbildung des Menschen. Christus wünschte sich Menschen, die an sich arbeiten. Aus diesem Grunde kritisierte er nicht den konfliktbeladenen Menschen, sondern den angeblich konfliktfreien (Pharisäer).

Es ist mein Anliegen, in diesem Kapitel das Bild jenes Christen zu zeichnen, der sich in seiner Lebensführung von der Intention Christi weit entfernt hat. Dies lege ich deshalb dar, weil ein solches Verständnis von Christentum zwangsläufig Ängste im Menschen wecken muss. Schliesslich beabsichtige ich auch, einige Impulse zur Selbsterkenntnis zu geben, ohne die der Weg zu christlichem Leben nicht möglich ist.

1. *Das kultische Leben*

Der Haben-orientierte Christ lebt im Gefühl seines Christseins vor allem in einer kultischen Gemeinschaft. Diese Gemeinschaft trägt den Namen «Kirche». Schon in früher Kindheit hat der Christ die Kirche zuerst als Kultgemeinschaft kennengelernt. Sie hat sein Lebensgefühl weitgehend dadurch bestimmt, dass er christliches Handeln primär als kultisches Handeln erlebt hat. So führte auch die christliche Unterweisung durch Elternhaus und Kleriker dazu, das kultische Leben als das zentrale Geschehen zu bewerten. Welche Bedeutung die christlichen Bezugspersonen diesem kultzentrierten Leben beimassen, konnte der junge Christ an der Strafandrohung oder der Bestrafung spüren, wenn er versuchen sollte oder versucht hatte, eine der kirchlichen Veranstaltungen nicht zu besuchen.

- Das kultische Leben des Haben-orientierten Christen auferlegt ihm den Zwang zum Formalen.

Ich zweifle nicht daran, dass Gottesdienste und andere kirchliche Veranstaltungen notwendig sind, um die spirituelle und Wortgemeinschaft mit Jesus zu erleben. Für entscheidender aber halte ich die aus dem kultischen Leben sich ergebende Aktionsgemeinschaft von Christen, die handelndes Christentum repräsentieren. Der Haben-orientierte Christ ist allzu leicht geneigt, sein Leben und das anderer Mitglieder seiner Gemeinschaft mehr am kultischen Handeln zu messen als an praktizierter Nächstenliebe.

Wer sich ausschliesslich an Formalem ausrichtet, kann leicht zum Heuchler werden. Jesus kritisiert solche Menschen häufiger. Zwei Stellen seien zitiert:

> «Alles, was sie (gemeint sind die Pharisäer) tun, tun sie nur, damit die Menschen es sehen: Sie machen ihre Gebetsriemen breit und die Quasten an ihren Gewändern lang, bei

jedem Festmahl möchten sie den Ehrenplatz und in der Synagoge die vordersten Sitze haben, und auf den Strassen und Plätzen lassen sie sich gern grüssen und von den Leuten Rabbi (Meister) nennen.

Weh euch, ihr Schriftgelehrten und Pharisäer, ihr Heuchler! Ihr verschliesst den Menschen das Himmelreich. Ihr selbst geht nicht hinein; aber ihr lasst auch die nicht hinein, die hineingehen wollen.» (Mt 23, 5-14)

«Er lehrte sie und sagte: Nehmt euch in acht vor den Schriftgelehrten! Sie gehen gern in langen Gewändern umher, lieben es, wenn man sie auf den Strassen und Plätzen grüsst, und sie wollen in der Synagoge die vordersten Sitze und bei jedem Festmahl die Ehrenplätze haben. Sie bringen die Witwen um ihre Häuser und verrichten in ihrer Scheinheiligkeit lange Gebete. Aber um so härter wird das Urteil sein, das sie erwartet.» (Mk 12, 38-40)

Wir können wohl davon ausgehen, dass Jesus nicht zuerst die kultische Frömmigkeit gewünscht und gefordert hat. Ich meine, dass sich die kritischen Worte Jesu durchaus in die Gegenwart übertragen lassen. Der Haben-orientierte Christ bewertet sein Christsein danach, wie korrekt er den Kultkatalog befolgt. Wer sein religiöses Selbstverständnis daraus ableitet, dass er zuerst der Kirche als Kultgemeinschaft dient, hat die Intention der Aussagen des Neuen Testamentes noch nicht erfasst.

Der Haben-orientierte Christ bezieht sein christliches Wertgefühl aus dem regelmässigen Besuch des Gottesdienstes, aus dem turnusmässigen Empfang der Sakramente, aus der Mitgliedschaft in kirchlichen Organisationen, aus der Gläubigkeit an das Dogma. Es scheint nebensächlich zu sein, in welcher sittlichen Einstellung er den Gottesdienst besucht, mit welcher Herzenshaltung er die Sakramente empfängt, mit welcher sozialen Grundhaltung er in der kirchlichen Organisation agiert und wie Jesus zu Dogmen gestanden hat. Für einen solchen Christen ist es auch schwer, auf einen «nicht-normierten» Christen zuzugehen. Er tut es erst gar nicht, weil er jemandem, der das Kultische nicht in der Intensität mitlebt, kaum Aufmerksamkeit schenkt. Das kultische Leben wird zum entscheidenden Kriterium für die Bewertung der zwischenmenschlichen Beziehung. Ich erinnere mich an christliche Dorfbewohner, die uns als Flüchtlinge ächteten, weil wir sonntags nicht zur Kirche gegangen waren. Als ich nach einigen Jahren Oberministrant wurde, achtete man mich im ganzen Dorf. Das kultische Leben lässt den Haben-orientierten Christen oft fanatisch, zwanghaft werden. Dies kann ihn in die Nähe eines religiösen Neurotikers rücken, der unter sich selbst und dem Christentum leidet.

2. *Die Gewissensbildung*

Zunächst sei ein Exkurs in die Gewissensbildung überhaupt erlaubt. Die Gewissensbildung vollzieht sich durch erzieherische Massnahmen in der Kindheit. Das Kind lernt Gebote und Verbote kennen, die es später übernimmt. Voraussetzung dafür ist allerdings eine positive emotionale Beziehung zu den Autoritätspersonen. Die Tiefenpsychologie bezeichnet das in der Kindheit geprägte Gewissen als «Über-Ich». Werden einem Kind die Gebote in ausserordentlich strenger Weise vermittelt, so kann eine solche Erziehung eine Neurotisierung des Kindes einleiten.

Störungen in der Gewissensbildung bezeichnet die Tiefenpsychologie so:

a) Strenges Über-Ich
b) Enges Über-Ich
c) Starres Über-Ich.

Zu a): Das strenge Über-Ich stellt sich in einer Vielzahl von Verboten dar. Es scheint fast so, als bestünde für das Kind die

Lebensatmosphäre nur noch aus Verboten. Diese Verbote werden auch im Erwachsenenalter beibehalten, die Verbote bleiben wirksam. Die Angst, wegen Nichtbeachtung eines Verbotes bestraft zu werden, belastet den Erwachsenen viele Jahre.

Zu b): Beim engen Über-Ich erhält ein Gebot besonderen Vorrang vor anderen Geboten. So wird das Kind danach bewertet, in welchem Masse es dem einen Gebot treu geblieben ist, obwohl es gegen andere Gebote ständig verstösst.

Zu c): Das starre Über-Ich ist nicht mehr entwicklungsfähig. Ihm liegt die Forderung nach blindem Gehorsam zugrunde; eine Erziehung, die auf Angst aufgebaut ist. Diese Menschen stürzen in eine Neurose, infantil abhängig und emotional von irrationalen Ängsten beherrscht.

- Der psychisch gesunde Mensch findet den Weg zu einem personalen Gewissen. Dies gelingt ihm dadurch, dass er sich kritisch mit den in der Kindheit vermittelten Gewissensinhalten auseinandersetzt.

Der Haben-orientierte Christ hat während vieler Jahre die Kanzelposition seiner Gewissensbildner vor Augen gehabt. Und noch als Erwachsener erlebt er sie mit ihren starren und kalten Forderungen. Er erlebt Religion als angsterzeugendes Phänomen. Nicht Spontaneität, sondern Ängste steuern seine Handlungen. Vor allem meine ich hier die Angst vor Bestrafung, die Angst davor, von Gott abgelehnt werden zu können. Die Kultgemeinschaft und Gott erscheinen in seinem Erlebnisvermögen als identisch. Für den Haben-orientierten Christen ist Gott eine richtende, gebietende und strafende Instanz. Aus diesem Grunde gehören Schuldgefühle und Bestrafungsangst zu den ständigen negativen Gefühlen dieses Menschen. Eng damit verbunden ist die Angst vor dem Sterben und vor dem Tod. Hier kann die Thanatophobie den höchsten Grad ihrer Irrationalität erreichen. Gott ist nicht tröstendes, schützendes Gegenüber, sondern unbarmherzige, lauernde Gewissheit. Wenn wir schon vor solchen Menschen Angst bekommen, um wie viel mehr müsste sich unsere Angst steigern, wenn es einen solchen Gott gäbe?!

Eine enge Über-Ich-Erziehung kann zu schweren Störungen in der Beziehung zum eigenen Körper führen. Diese wiederum wirken sich stark belastend auf die Partnerschaft zwischen Mann und Frau aus. Wer ständig erlebt hat, dass Sexualität verteufelt wird, ja wirklich zum Werkzeug des Satans degradiert wird, der benötigt schon einige Jahre, um zu einer einigermassen normalen Leibesbeziehung zu gelangen. Wenn in der kindlichen Gewissensbildung die Beachtung des Beichtspiegels mehr bedeutet als die praktische Nächstenliebe, dann kann sich nur eine von Zweifeln und Skrupeln angenagte Persönlichkeitsstruktur entwickeln. Der Haben-orientierte Christ erliegt der Fremdsteuerung durch die institutionalisierte Kirche. Da ihm die Kultgemeinschaft alles bedeutet, orientiert er sich ganz an den Wertungen dieser Institution. Dies aber kann ihn untätig sein lassen, da er vorwiegend darauf bedacht ist, Verhaltensnormen gerecht zu werden, als uneigennützig zu handeln.

Dem Haben-orientierten Christen ist zu wünschen, dass er die Entwicklung zum personalen Gewissen vollziehen möge. Um diese Entwicklung auszulösen, muss er Krisen und Konflikte annehmen können.

3. Glaube und Handeln

Ich leite meine Überlegungen mit einem Zitat aus dem Jakobusbrief ein:

> «Meine Brüder, was nützt es, wenn einer sagt, er habe Glauben, aber es fehlen die Werke? Kann etwa der Glaube ihn retten? Wenn ein Bruder oder eine Schwester ohne Kleidung ist und ohne das tägliche Brot, und einer von euch zu ihnen sagt: Geht in Frieden, wärmt und sättigt euch!, ihr

gebt ihnen aber nicht, was sie zum Leben brauchen – was nützt das? So ist auch der Glaube für sich allein tot, wenn er nicht Werke vorzuweisen hat. Nun könnte einer sagen: Du hast Glauben, und ich kann Werke vorweisen; zeig mir deinen Glauben ohne die Werke, und ich zeige dir meinen Glauben aufgrund der Werke... Denn wie der Körper ohne den Geist tot ist, so ist auch der Glaube tot ohne Werke.» (Jak 2, 14-26)

Es besteht wohl kaum ein Zweifel, dass Jesus und die nachfolgenden Verkünder seiner Lehre den grössten Wert auf das Handeln des Christen gelegt haben. Jesus ging es nicht darum, eine Kultgemeinschaft zu gründen, sondern das handelnde Miteinander richtungweisend als Norm aufzustellen. Dass sich diese Interaktion in einer Kultgemeinschaft eher verwirklichen lässt als im Alleingang, belegt die Erfahrung in zahlreichen Kirchengemeinden. Der fremdgesteuerte, Haben-orientierte Christ versteht seinen Glauben als Institution. An erster Stelle steht für ihn die Zugehörigkeit zu einer Glaubensgemeinschaft als Mitglied. Aus dieser Mitgliedschaft heraus kann er handeln. Doch in sein Handeln mischt sich stets die Zensur des Über-Ichs ein. Er wägt ab, prüft lange, verweilt zögernd in seinen Überlegungen. Da sein Glaube weitgehend vom Kopf und kaum vom Herzen her bestimmt ist, neigt der fremdgesteuerte Christ dazu, in seinen Aktivitäten die Erfüllung von Aufgaben, von Bedingungen zu sehen, die ihm die Glaubensinstitution stellt.

So handelt dieser Typ des Christen mehr für sich als für den Mitmenschen. Dies ist aus den Handlungen nicht so ohne weiteres ersichtlich. Schliesslich bleibt eine Handlung immer eine gute Tat, wenn sie dem Nächsten Freude bereitet. Der Nächste fragt ja selten nach der Motivation des Wohltäters. Ich meine mit dem Tun als Gewinn für sich selbst die Beruhigung des Über-Ichs. Der Haben-orientierte Christ kann sich dann am ehesten akzeptieren, wenn er die Vorschriften seines strengen Gewissens einhält. Er sammelt gleichsam vor sich und seinem Gewissen Pluspunkte, an denen er den Grad seiner Hilfsbereitschaft messen kann. Seine religiöse Erziehung und seine Kultgemeinschaft bestätigen ihm zudem, dass er sich damit «Verdienste für die Ewigkeit» erwirbt.

Dieser Christ erfährt durch sein Handeln letztlich keine tiefe Zufriedenheit und Erfüllung. Da bei all seinem Tun latent die Angst mitschwingt, möglicherweise nicht genügend geleistet zu haben, um sich die Geneigtheit Gottes zu sichern, lebt und handelt der Christ im Gefühl der Selbstvorwürfe. Der strenge und strafende Gott könnte ja das Werk dieses Christen nur mit Skepsis betrachten. Ich halte es für töricht, eine solche skrupulöse Einstellung mit «Demut» zu bezeichnen. Demut hat etwas mit Selbststeuerung zu tun, nicht aber mit Bestrafungsangst. Ich befürchte, dass dieser Christ tote Werke vollbringt, weil sie nicht aus dem Herzen gewachsen sind.

- Wer nicht aus Freude handelt, sondern aus Angst, dessen Handeln bleibt egozentriert.

4. *Liebesfähigkeit*

Die zwischenmenschliche Beziehung ist vor allem eine emotionale Beziehung. Lebensbewältigung geschieht ja in der Verarbeitung positiver und negativer Gefühle. Was uns am anderen gefällt, das lässt uns oftmals seine Nähe suchen, was wir als störend empfinden, das wird häufig zum Anlass, den anderen zu meiden.

Die psychische Reife des Christen wird an seiner Liebesfähigkeit gemessen. Auch die gesamte christliche Glaubensgemeinschaft muss es sich gefallen lassen, nach ihrer Liebesfähigkeit bewertet zu werden.

Was meine ich hier mit «Liebesfähigkeit»? Liebesfähigkeit ist hier das körperliche und psychische Vermögen:

a) Gefühle und Empfindungen des Du annehmen zu können
b) Du-zentriert handeln zu können.

Zu a): Wer Gefühle und Empfindungen des anderen annehmen kann, hat gelernt, seine eigenen Emotionen zu akzeptieren. Deutlicher ausgedrückt: Um die Gefühle und Empfindungen des anderen annehmen zu können, ist es notwendig, sich selbst in seiner Emotionalität zu mögen. Die Selbstakzeptanz eines Menschen drückt sich also im wesentlichen in seiner emotionalen Akzeptanz aus. Die emotionale Akzeptanz wiederum ist erkennbar an der emotionalen Ausdrucksfähigkeit des Menschen.

Der Haben-orientierte Christ hat in seiner Kindheit emotional gelitten. Ein Elternhaus, das Gebote und Verbote in den Mittelpunkt der Interaktion stellt, kann nur unter Bedingungen Liebesfähigkeit vermitteln. Da jedes Kind darauf bedacht ist, die Zuwendung seiner Bezugspersonen nicht zu verlieren, befolgt es die Anordnungen. Dieser Christ hat allzu lange erfahren, dass seine Freude, sein Weinen in Grenzen gewiesen wurden, die menschliche Wärme und Geborgenheit vermissen liessen. Wer während vieler Jahre hört, dass seine Gefühlsausbrüche nicht erwünscht sind, glaubt eines Tages tatsächlich, dass Gefühle etwas Negatives sind.

In zahlreichen christlichen Familien und kirchlichen Gemeinschaften wurde ausserdem der Leidenscharakter des Christentums überbetont. So empfinden viele das Christentum als eine Religion, die Trauer und Niedergeschlagenheit vermittelt. Dies sei vor allem an den strengen und verbissenen Gesichtern der Christen zu erkennen. Mancher Priester spielte sich zudem als moralische Instanz auf, die darüber entschied, welche Art von Gefühlen erlaubt war und welche nicht.

Weil nun ein solcher Christ nicht erfahren hat, dass seine eigenen Emotionen für das elterliche Du etwas Positives bedeuten, kann er Gefühle und Empfindungen auch bei anderen nicht annehmen. Damit ist seine Liebesfähigkeit empfindlich gestört. Von diesem Unvermögen ist auch seine Toleranz schwer belastet. Wer in seiner Selbstakzeptanz gestört ist, ist dies auch in seiner Toleranz. Denn: Ein Mensch, der seine Emotionen – also sich selbst – annehmen kann, kann sie auch beim anderen annehmen.

- Wo die Toleranz gestört ist, kann nur eine distanzierte Interaktion stattfinden.

Wer einen anderen an seine Gefühle nicht heranlässt, beabsichtigt auch nicht, sich um die Gefühle des andern zu kümmern. Das drückt sich bereits in der Scheu aus, beim Vaterunser im Gottesdienst sich gegenseitig bei der Hand zu fassen. Von einem Friedenskuss oder einer Umarmung will ich gar nicht weiter sprechen.

- Der verhaltensnormierte Christ ist in weiten Teilen seiner Persönlichkeit auch ein verhaltensgestörter Christ.

Jesus konnte die Gefühle und Empfindungen seiner Mitmenschen annehmen. Er hat auch selbst geäussert, wie es ihm emotional ergangen ist. Bei der Auferweckung des Lazarus heisst es:

> «Als Maria dorthin kam, wo Jesus war, und ihn sah, fiel sie ihm zu Füssen und sagte zu ihm: Herr, wärst du hier gewesen, dann wäre mein Bruder nicht gestorben. Als Jesus sah, wie sie weinte und wie auch die Juden weinten, die mit ihr gekommen waren, war er im Innersten erregt und erschüttert. Er sagte: Wo habt ihr ihn bestattet? Sie antworteten ihm: Herr, komm und sieh! Da weinte Jesus. Die Juden sagten: Seht, wie lieb er ihn hatte!» (Joh 11, 32-36)

Christsein bedeutet, zu sich selbst eine neue, positive Beziehung aufzubauen, um das Du daran teilhaben zu lassen. Zu b): Auf Grund seiner Liebesfähigkeit handelt der Christ Du-zentriert. Er zeigt dies, indem er die Sorgen, Interessen, Wünsche des anderen sehr ernst nimmt. Damit drückt er zugleich seine tiefe Wertschätzung gegenüber dem Du aus.

Wer liebt, sucht nicht sich selbst, sondern schafft Freiräume für die Entfaltung des Du. Eine Liebesaktivität schildert das Neue Testament so:

> «Ein Mann ging von Jerusalem nach Jericho hinab und wurde von Räubern überfallen. Sie plünderten ihn aus und schlugen ihn nieder; dann gingen sie weg und liessen ihn halbtot liegen. Zufällig kam ein Priester denselben Weg herab; er sah ihn und ging weiter. Auch ein Levit kam zu der Stelle; er sah ihn und ging weiter. Dann kam ein Mann aus Samarien, der auf der Reise war. Als er ihn sah, hatte er Mitleid, ging zu ihm hin, goss Öl und Wein auf seine Wunden und verband sie. Dann hob er ihn auf sein Reittier, brachte ihn zu einer Herberge und sorgte für ihn. Am andern Morgen holte er zwei Denare hervor, gab sie dem Wirt und sagte: Sorge für ihn, und wenn du mehr für ihn brauchst, werde ich es dir bezahlen, wenn ich wiederkomme. Was meinst du: Wer von diesen dreien hat sich als der Nächste dessen erwiesen, der von den Räubern überfallen wurde? Der Gesetzeslehrer antwortete: Der, der barmherzig an ihm gehandelt hat. Da sagte Jesus zu ihm: Dann geh und handle genauso!» (Lk 10, 30-37)

Die Du-zentrierte Grundhaltung der Liebe nimmt regen Anteil am Leben des anderen. Wahrscheinlich behindern Status und Hierarchie diese Impulse ein wenig. Priester und Levit gehen vorüber. Der Haben-orientierte Christ liebt aus Verpflichtung zu seinem Christsein. Er liebt die Bedingungen mehr als das Du. Letztlich liebt er damit sich selbst als jemanden, der die Bedingungen so gut erfüllt hat. So spiegelt sich im Tun dieses Christen sein Ich wider, nicht jedoch seine Absicht, für die individuellen Bedürfnisse des anderen aktiv zu sein.

Die Störung der Liebesfähigkeit in diesem Christsein ist auch daran zu erkennen, dass sie vom anderen Dank erwartet. Dieser Christ produziert in seinen Mitmenschen oftmals Schuldgefühle, weil sie das Tun nicht in der gewünschten Weise würdigen. Er überträgt damit seine eigenen Schuldgefühle auf andere. Ein Mensch, der glaubt lieben zu können und der sich durch das Tun für andere Anerkennung holt, liebt nicht wirklich.

Die Du-zentrierte Grundhaltung der wirklichen Liebe nimmt regen Anteil am Leben des anderen. Sie handelt aus eigenem Antrieb. Nicht nach der Aufforderung durch das Du.

Kapitel III

Urvertrauen

1. Erläuterungen zum Begriff
2. Das Angstsyndrom
3. Urvertrauen und Hoffnung
4. Urvertrauen und Liebe
5. Urvertrauen und Tod

Das Christsein wird bestimmt von der Persönlichkeitsstruktur des Christen. Wäre die Struktur ein statisches Phänomen, dann gäbe es auch keine Chance für gestörte Persönlichkeiten, zu einem echten Christsein zu gelangen. So aber kann sich eine Struktur aus ihrem Inneren heraus verändern. Damit ist der Weg für Persönlichkeitsbildung geebnet. Persönlichkeitsbildung beginnt mit der bewussten und vorsätzlichen Beschäftigung mit dem eigenen Ich.

In diesem Kapitel möchte ich einige Aspekte erörtern, die den Menschen in seiner psychischen Existenz schlechthin betreffen. Ich lehne mich dabei an Überlegungen von Balthasar Staehelin an.

1. Erläuterungen zum Begriff

Der Begriff «Urvertrauen» ist in der Religion und Tiefenpsychologie beheimatet. Im allgemeinen ist damit eine stabile unerschütterliche Vertrauenshaltung des menschlichen Individuums zum eigenen Ich und zu seiner Lebensatmosphäre gemeint. Vielen psychischen Störungen liegt ein mangelndes Urvertrauen zugrunde. So kann es das Ziel psychotherapeutischer Bemühungen sein, im Menschen das gestörte Urvertrauen zu festigen. Die Psychoanalyse spricht häufig von einer Ichschwäche oder einer Ichstärke. Sie meint damit die Stabilität oder Labilität der Persönlichkeit als Ausdrucksform eines starken oder schwachen Urvertrauens.

Die Grundstimmung des Individuums zu sich und seiner Umgebung wird ihm nach Auffassung der Psychoanalyse durch eine emotional gesunde Eltern-Kind-Beziehung vor allem in den ersten Lebensjahren vermittelt. Ich stimme dieser Auffassung zu. Ich weiss, dass eine emotional liebevolle Beziehung des Kindes zu seinen Bezugspersonen das Gefühl von Lebenswärme, von Geborgenheit entstehen lässt. Das Kind entwickelt eine Vertrauensbeziehung zum Leben. Ebenso kann eine emotional kalte, belastete, durch zahlreiche Ängste erschütterte Eltern-Kind-Beziehung die Vertrauensbasis des Kindes zum Leben, zur Welt ungeheuer und auf die Dauer überschatten. Diese Menschen nehmen die Depression gleichsam mit der Muttermilch in sich auf. Lebensangst, Lebensunlust, Hoffnungslosigkeit und Aggression können so zu ständigen Begleitern eines Menschen werden.

Angesichts der Tatsache, dass auch viele Christen diese Persönlichkeitsmerkmale zeigen, könnte die Psychoanalyse recht behalten, wonach auch die Religion nicht in der Lage sei, den Menschen zur Wesenstiefe und zu psychischer Stabilität zu führen. Bei einem engeren Begriffsverständnis von Urvertrauen mag das zutreffen. Ich sehe aber einen weiteren, Körper, Geist und Psyche umfassenden Sinn im Urvertrauen. Balthasar Staehelin sagt dazu: «Urvertrauen ist die Stimmung, in der sich unsere Teilhaftigkeit am Unbedingten austrägt, das heisst jene Stimmung, in der sich dieses Unbedingte unverstellt, gewusst oder auch nicht gewusst, im Alltag des Einzelnen leben kann. Wir erfahren also unseren gleichsam sakralen Anteil, auch wenn er nicht immer Sprache wird, stimmungsmässig als Urvertrauen.»

Damit ist der Rahmen gesprengt, der das Urvertrauen einer biographischen Konstellation zuschreibt. Die nur auf das Kindheitserleben bezogene Definition von Urvertrauen, wie es der psychoanalytische Begriff darlegt, bleibt letztlich negativ und bietet kaum Hoffnung an.

Staehelin sagt weiter: «Der Mensch *ist* primär Urvertrauen. Er hat es nicht oder erwirbt es nicht erst sekundär. Wird er geboren, also hineingestellt in die Form seiner individuellen Geschichte, so ist er in den ersten Lebensjahren zwar noch zu hilflos, als dass er das Urvertrauen, das er mitbrachte, schadlos durchretten könnte, wenn ihm dabei nicht gewaltig geholfen wird. So übernehmen die Mutter und eine emotional stabile und liebevolle Umwelt, eine Umwelt also, die selbst fähig ist, das eigene Urvertrauen zu leben, nur die Abschirmung dieses Kindes gegen die Gefahren der ersten Wirklichkeit. Nicht also die gute Mutter-Kind-Beziehung produziert das Urvertrauen, wie sich das die Psychoanalyse und die Daseinsanalyse vorstellen, sondern sie schützt nur das schon immer Vorhandene so lange, bis dieses selbst fähig ist, trotz bedrohlicher Geschehnisse im Alltag unerschütterlich zu sein.»

Dieser Aspekt in der Betrachtung der menschlichen Psyche gibt eine vorläufige Antwort darauf, aus welchen Gründen die Lebensangst vieler Menschen zunimmt:

- Mangelndes Urvertrauen führt zu Geborgenheitsverlust, erzeugt elementare Störungen in der Grundstimmung des menschlichen Seins.

2. *Das Angstsyndrom*

Der Mangel an Urvertrauen hat körperliche und seelische Konsequenzen. Staehelin hat in seinem Buch «Die Welt als Du» den Begriff des «vegetativen Psychosyndroms» geprägt. Er unterscheidet bei diesem Syndrom sieben Untergruppen: «1. Symptome im Bereich des Kopfes; 2. Symptome im Bereich von Herz und Kreislauf; 3. Symptome im Bereich der Atmung; 4. Symptome im Bereich des Magen-Darm-Traktes; 5. Allgemeinsymptome; 6. vegetative Symptome aus anderen Gebieten der praktischen Medizin; 7. psychische Symptome im Sinn des vegetativen Psychosyndroms.»

Ähnliche Beobachtungen äussern die Leiter der Psychiatrischen Universitätsklinik Basel, die Professoren Kielholz und Labhardt. Im Jahresbericht 1980 ist zu lesen (zit. nach «Neue Zürcher Zeitung» vom 10.8.1981): «Eine erschreckende Zunahme von depressiven Zuständen in der Schweiz registrierten die beiden Direktoren ... (und) dass die Weltgesundheitsorganisation (WHO) in allen anderen zivilisierten Ländern ähnliche Beobachtungen gemacht habe. Als Ursachen von Depressionen in unserer Wegwerf- und Konsumgesellschaft nennen die Wissenschaftler unter anderem Beziehungslosigkeit zum Mitmenschen, zur Arbeit und zur Umwelt, zunehmender Materialismus, zu schnelle Technisierung, Automation und Entpersönlichung der Arbeit, aber auch Bedrohung durch Krieg, Natur- und Atomkatastrophen sowie Überalterung und Diskrimination. Immer häufiger äusserten sich Depressionen unter dem Bild von körperlichen Störungen wie Müdigkeit, Kopfschmerzen, Herz- und Kreislaufbeschwerden oder als psychosomatische Krankheiten wie Fett- und Magersucht, hoher Blutdruck oder Verdauungsprobleme. Der meist unbewusst sich vollziehende Ausdruck des Seelischen im körperlichen Bereich sei nicht etwa Simulation, sondern eine sinnvolle Schutzmassnahme des psychisch erkrankten Menschen, der sich von der Gesellschaft ausgestossen fühlt.»

Ich habe im Rahmen meiner persönlichkeitsbildenden Tätigkeit einige Angstformen besonders häufig angetroffen. Ich fasse sie unter dem Oberbegriff «Angstsyndrom» zusammen. Darunter verstehe ich die Gesamtheit jener Angstformen, die ich auf ein fehlendes oder zu gering ausgebildetes Urvertrauen zurückführe. Im einzelnen handelt es sich um folgende Ängste:

a) Lebensangst
b) Existenzangst
c) Versagensangst
d) Angst vor Zuwendungsentzug.

Daneben gibt es noch einige Varianten dieser Angstformen; im wesentlichen jedoch konzentrieren sich diese Ängste auf das zentrale Problem: die Daseinsstimmung des Menschen.

Zu a): Die Lebensangst ist eine irrationale Angst. Sie ist nicht fassbar und nicht begründbar. Ich führe sie zurück auf eine Störung des Antriebsgeschehens des einzelnen. Ein Mensch mit Lebensangst ist auf der Suche nach seiner Identität. Sein Seinsverständnis ist nicht entwickelt, so dass er für sich selbst keine Lebensaufgabe sieht. Daraus entsteht schliesslich eine depressive Persönlichkeitsstruktur, die nicht selten mit dem Selbstmord das Leben beendet.

Zu b): In der Gegenwart mag es zwar genügend Befürchtungen geben, die eine Existenzangst rechtfertigen. Ich kann mir auch vorstellen, dass die rezessiven Erscheinungen in der Wirtschaft die Existenzangst mancher Menschen verstärken. Doch davon spreche ich hier nicht. Die Existenzangst ist latent immer vorhanden. Sie drückt sich in der fast täglichen Sorge aus, die berufliche und private Lebensgrundlage verlieren zu können. Auffallend bei solchen Menschen ist, dass sie formal und materiell nicht den geringsten Anlass haben, Existenzängste zu entwickeln. Dies eben ist das Merkmal der irrealen Angst, keinen konkreten Bezug zur augenblicklichen Lebenssituation des Menschen fassen zu können. Die Existenzangst äussert sich am deutlichsten in den Kompensationstendenzen des Individuums. Dazu gehört, sich möglichst gegen alles abzusichern, sich zu versichern, mit grösster Vorsicht durch das Leben zu gehen. Eine besonders belastende Erscheinung der Existenzangst kann der Esszwang sein, da sich daraus auf Grund einer körperlichen Verunstaltung weitere Mindergefühle entwickeln können.

Zu c): Die Angst, versagen zu können, tritt vor allem bei Menschen auf, die ihre Selbstakzeptanz durch Leistungen erwerben mussten. Diese Angst trägt viele Gesichter. Die auffallendste Maske ist das Perfektionsstreben eines Menschen. Ich habe dies vor allem bei Führungskräften der Wirtschaft und Politik festgestellt. Die Versagensangst deutet auf eine elementare Identitätsstörung hin. Diese Menschen können kaum verlieren und nur sehr schwer Fehler eingestehen. Endlich ist auch zu beobachten, dass eine übersteigerte Aktivität diese Menschen treibt, sich selbst und anderen das eigene Leistungsvermögen ständig zu beweisen. Da diese Personen auf einer breiten Klaviatur von Abwehrmechanismen spielen, fällt es ihnen auch leicht, den Verdacht zu entkräften, sie seien auf der Flucht vor sich selbst. Das entmutigt leider die Kommunikationspartner dieser Menschen.

Zu d): Auch die Angst vor Zuwendungsentzug geht auf ein ungenügend entwickeltes Urvertrauen zurück. Bei diesen Menschen steckt die Selbstfindung noch im Anfangsstadium. Die Angst davor, vom anderen abgelehnt zu werden, weist deutlich auf eine gestörte Wertbeziehung in der eigenen Persönlichkeit hin. Ich habe diese Angstform in der Beziehung zwischen Mann und Frau häufig festgestellt. Solche Partner leben ein Abhängigkeitsverhältnis, das sie nicht selbständig, nicht konfliktfähig werden lässt.

Die psychische Entwicklung eines Menschen ist dann erfolgreich verlaufen, wenn die genannten Angstformen nicht oder nur in Ansätzen vorhanden sind.

3. Urvertrauen und Hoffnung

Bevor ich das Urvertrauen im Hinblick auf seine positiven Auswirkungen auf das Seinsverständnis des Menschen bespreche, seien noch einige Hinweise gegeben, wie die Einordnung des menschlichen Individuums in die Dimensionen seines zeitlichen und überzeitlichen Seins zu verstehen ist.

Ich übernehme die Terminologie von Balthasar Staehelin, der von der «ersten Wirklichkeit» und von der «zweiten Wirklichkeit» spricht. Mit der ersten Wirklichkeit ist die biographische Existenz des Menschen gemeint. Sie ist endlich, raumabhängig, in eine individuelle Lebensgeschichte gesetzt. Sie unterliegt den Gesetzen der biologischen und psychosomatischen Kausalität. Dagegen besteht die zweite Wirklichkeit eines Seienden in dem, «was von der Substanz des Schöpfers, des Trinitarischen» ist. Dazu ein genaues Zitat: «Der Mensch ist auch zugehörig dem letzten Unbedingten, Absoluten, Ewigen. Er gehört biologisch, naturhaft auch dem letzten, zeit-, raum-, geschichtelosen Prinzip, theologisch gesprochen Gott, an ... Damit also ist die Wesenheit des Menschen auch zeitlich und räumlich unendlich und mit allem und jedem auf der Welt und überall eine Gemeinsamkeit, Einheit. Selbst der Tod vermag daran nichts zu ändern.»

Somit ist Urvertrauen der Grad jener Bewusstheit im Menschen, die ihm das Gefühl vermittelt, auch Teil dieses Unbedingten und Absoluten, Einen zu sein. Psychosomatische Störungen treten dann auf, wenn sich das individuelle Vertrauen (aus der ersten Wirklichkeit) zu weit vom überindividuellen Urvertrauen (der zweiten Wirklichkeit) entfernt hat. Denn unser individuelles Vertrauen wird vom Urvertrauen genährt.

Das Wissen, einer zweiten Wirklichkeit anzugehören, ja, sie in sich zu tragen, stabilisiert das biographiebedingte Vertrauen des Menschen in unvorstellbarer Weise. Unter diesem Aspekt gewinnt das Phänomen Hoffnung in uns eine neue Dimension. Jeder Ängstliche ist zugleich auch ein Hoffender. Die Hoffnung ist der Weg, auf dem sich der Kranke schleppt, sich einer Genesung entgegensehnt. Ein Mensch ohne Hoffnung, ein Enthoffneter, verfällt körperlich und psychisch sehr schnell.

Die Hoffnung ist der Ausdruck des Unendlichen in uns. Sie ist ein Merkmal unserer Seinssuche, auch unserer Sehnsucht nach der zweiten Wirklichkeit in uns. Hoffnung zu haben, bedeutet nicht, auf ein zukünftiges Ereignis hinzuleben. Das ist eine Dimension unseres biographischen Seins. Hier meint Hoffnung ein ständiges inneres Erfülltsein von dem Gedanken und Gefühl: Ich bin.

Weil mir das Urvertrauen das Gefühl gibt, unzerstörbar und ewig zu sein, kann ich zugleich auch immer Hoffender sein. Hoffnung haben heisst im Sinne des Urvertrauens und der zweiten Wirklichkeit: selbst Hoffnung sein.

In dieser Grundstimmung lebt unsere zweite Wirklichkeit. Solange ein Mensch in seinem Jetzt Hoffnung sein kann, solange lebt er in seiner unzerstörbaren Identität.

Nach meiner Erfahrung hat die christliche Kirche diesen Gedanken in ihrer Verkündung nicht genügend betont. Wer auf Hoffnung von aussen wartet, begibt sich in eine unberechenbare Abhängigkeit. Gewiss, es ist immerhin Hoffnung, die ihn erfüllt. Aber es ist Hoffnung auf ein Kommen, auf ein Ereignis. Die Worte Jesu sind wohl anders zu verstehen.

Durch das hier definierte Wesen der Hoffnung gewinnt auch die psychische Gesundheit des Menschen einen erweiterten Sinn. Psychisches Gesundsein ist dort, wo das Grundgefühl des Menschen Hoffnung ist. In diesem Sinne erscheint Gesundheit unabhängig von bester körperlicher und seelischer Funktionstüchtigkeit nach den Bedingungen der ersten, biographischen Wirklichkeit. Oder negativ ausgedrückt: Das eigentliche Kranksein ist dort anzutreffen, wo das Seinsverständnis des Menschen ein Hoffnungsein noch nicht zulässt.

- Das Wesen der Hoffnung in uns aufzuspüren, ist elementare Aufgabe unserer Seinssuche. Erst dann kann der Durchbruch zum eigenen Wesen gelingen.

4. *Urvertrauen und Liebe*

Die zweite Wirklichkeit im Wesen des Menschen lässt ihn teilhaben am Unbedingten, stärkt das Grundgefühl in ihm, von Ewigkeit her geliebt zu sein. Durch seine Hoffnungsfähigkeit fühlt sich der Mensch über die Grenzen seiner psychischen Endlichkeit hinausgetragen. Er versteht seine Seinsbefindlichkeit als Teil einer metaphysischen Einheit.

Ein Mensch, der Urvertrauen in sich spürt, kann auch wirklich lieben. Ich meine dies weniger im erotischen, körperlichen Sinne. Vielmehr ist echte Liebe darüber hinaus bestrebt und fähig, sich oft, ganz und allseits zu verschenken.

- Das Gefühl des Urvertrauens, seine Teilhabe am Unbedingten befähigt den Menschen zu unbedingter Liebe.

Die echte Liebe besitzt immer Ewigkeitscharakter. Wir können dies nur schwer nachvollziehen, weil unsere eigene

Liebesfähigkeit an den Bedingungen der ersten biographischen Wirklichkeit zu scheitern droht. Und dennoch: Liebe hebt die Grenzen der Individualität auf. Aus dem Ich und Du wird Ich bin Du. Dies ist demjenigen am ehesten möglich zu begreifen, der aus den Schranken seines materialistisch-körperlichen Seins ausgebrochen ist hin zu einer neuen Seinserfahrung, die ihm das Urvertrauen in ihm geschenkt hat.

Urvertrauen erzeugt Liebesfähigkeit. Liebesfähigkeit meint das totale Loslassen der eigenen Belange, Bedürfnisse, Wünsche, Triebe. Diese Art der Liebesfähigkeit respektiert die Wünsche des Du so wie die eigenen. Sich selbst loslassen kann ein Mensch vor allem, wenn er aus der Gewissheit und Geborgenheit seines Daseins heraus handeln kann. Diese Gewissheit vermittelt das Urvertrauen.

Das Gefühl, auch in der zweiten Wirklichkeit leben zu dürfen, bewirkt im Menschen die Grundstimmung, mit einer ewigen und grossen Liebe verbunden zu sein. Der Mensch kann sich in diese Ur-Liebe fallen lassen und seinem Seinsverständnis neue Intentionen verleihen. Aus der Tiefe dieses Gestimmtseins handelt der Mensch. Und Liebe ist immer Handeln.

Staehelin sagt: «Liebe ist die Stimmung der eigenen Ewigkeit und gleichzeitig der Einheit mit allem.» Er führt in diesem Zusammenhang den Begriff der «Nicht-Dualität» an und definiert ihn so: «Nicht-Dualität heisst hier – ich erlaube mir diese Wiederholung: Grenzenlose, also ewige Einheit sein über jede individuelle Zeitlichkeit, individuelle Räumlichkeit und individuelle Geschichtlichkeit hinaus. Nicht-Dualität meint also nicht einfach Zusammensein, Zusammengehören, Gemeinsamkeit, Kollektivität. Nicht-Dualität meint hier wirkliche Einheit sein, Unio sein.»

Mit dem Bewusstwerden des Urvertrauens ist auch Liebesfähigkeit wach geworden. Denn: Die Anwesenheit der zweiten Wirklichkeit in jedem Lebensaugenblick des einzelnen weckt positive Eigenschaften im Wesen des Menschen. Diese zeigen ihre Auswirkungen im Denken, Fühlen und Handeln des Alltags.

5. Urvertrauen und Tod

Ich empfinde das in der Gegenwart erlebbare Todesverständnis als gestört. Der Tod ist aus dem sozialen Feld weitgehend verbannt. Er wird als unabwendbares, schreckliches Ereignis dargestellt, dem die Massenmedien den Charakter des Grauenvollen und Hässlichen zusätzlich verleihen.

Der Tod gehört offensichtlich nicht mehr zu unserem Lebensalltag. Dies ist auch daran zu erkennen, dass die meisten Menschen in Krankenhäusern sterben, auch kaum noch zu Hause aufgebahrt werden. Wann erfahren unsere Kinder einmal, dass der Tod in die Intimität und Privatheit der Familie gehört?

Wer den Tod aus seinem Erfahrungsbereich verbannt, beraubt sich der Möglichkeit, das Gefühl menschlicher Würde elementar zu erleben.

Dazu äussert sich Balthasar Staehelin kritisch: «Dadurch aber, dass wir versuchen müssen, den Tod aus unserem Alltag zu verbannen, ihn also nicht mehr als Freund unseres Alltags belassen zu dürfen, sondern ihn als etwas unseren Fortschrittsglauben Störendes wegzuschicken haben, gleiten wir doch immer mehr in eine säkularisierte Entwurzelung. Eine neue Neuzeit braucht vielleicht gerade wieder den Tod als ihren alltäglichen Freund.» In meinen persönlichen Gesprächen habe ich den Gesprächspartnern im Laufe der letzten zwölf Jahre auch häufiger die Frage gestellt: «Wie stehen Sie zu Ihrem eigenen Tod?» Von den meisten erhielt ich sinngemäss die Antwort, dass sie den Tod in ihr Leben integriert hätten und mit einer «normalen» Angst davor lebten. Andere wiederum äusserten elementare Ängste und Zweifel am Sinn ihrer Existenz, angesichts des Todes.

Mit dem Urvertrauen erhält der Tod einen Sinn. Er erschliesst uns die zweite Wirklichkeit bereits hier im Jetzt. Angesichts des Todes erfahren wir unsere Ewigkeit, die Ewigkeit unserer Seele. Wie wir gesehen haben, existiert unser Menschsein auch ausserhalb und unabhängig von Zeitlichkeit, Räumlichkeit und individuellbiographischer Geschichte. Die zweite Wirklichkeit unseres Seins unterliegt nicht der Kausalität.

Der Tod gibt uns menschliche Würde und Freiheit.

Kapitel IV

Die Interaktion des Christen

1. Die Fähigkeit zum Zuhören
2. Emotionale Ausdrucksfähigkeit
3. Konfliktfähigkeit

Wenn sich die Lehre des Neuen Testamentes zu einem Kerngedanken zusammenfassen liesse, dann hiesse er: Änderung des Interaktionsstiles zwischen Ich und Du. Damit ist die Lehre Christi das tragende Fundament in der zwischenmenschlichen Beziehung. Zugleich bildet sie die Grundlage für die Angstbewältigung eines Menschen: Angstbewältigung beginnt mit Interaktionsfähigkeit. Um unser Ich zu begreifen, benötigen wir stets das Du.

- Wer auf das Du meint verzichten zu können, isoliert sich, bleibt allein.

Zunächst stellt sich das Du elementar und konkret in der Gestalt eines Menschen dar. Später, wenn wir auf dem Wege unserer Angstbewältigung fortgeschritten sind, sprechen wir noch stärker mit dem göttlichen Du in uns.

Ein Mensch erwirbt Interaktionsfähigkeit, indem er die Hinwendung zum Du erlernt. Das gelingt jenen Menschen am ehesten, denen das eigene Urvertrauen bewusst geworden ist. Angstbewältigung ohne Interaktion ist nicht möglich. Interaktion ohne Urvertrauen gelingt nur oberflächlich.

Ich formuliere im folgenden einige Postulate, nach der die Interaktionsfähigkeit des Christen bewertet werden kann:

1. Die Fähigkeit zum Zuhören
2. Emotionale Ausdrucksfähigkeit
3. Konfliktfähigkeit.

Diese Kriterien werde ich nun etwas genauer betrachten.

1. Die Fähigkeit zum Zuhören

Die Interaktion zwischen dem Ich und dem Du wird stets in der Hinwendung sichtbar, nicht in der Abwendung! Martin Buber bezeichnet sie als «dialogische Grundbewegung». Im einzelnen sagt er: «Grundbewegung nenne ich eine Wesenshandlung des Menschen, um die sich eine Wesenshaltung aufbaut... Die dialogische Grundbewegung ist die Hinwendung. Das ist ja scheinbar etwas Allstündliches und Belangloses: wenn man jemand ansieht, anredet, wendet man sich ihm eben zu, naturgemäss körperlich, aber auch in dem erforderlichen Masse mit der Seele, indem man die Aufmerksamkeit auf ihn richtet... Die Vorstellung des modernen Menschen, Hinwendung sei sentimental und entspreche nicht der Dichtigkeit heutigen Lebens, ist ein grotesker Irrtum, wie seine Versicherung, Hinwendung sei im Getriebe dieses heutigen Lebens unpraktizierbar, nur das maskierte Eingeständnis seiner Initiativschwäche der Zeitlage gegenüber ist; er lässt sich von ihr diktieren, was möglich oder zulässig sei, statt als gelassener Partner mit ihr zu vereinbaren, was mit *jeder* Zeitlage zu vereinbaren ist, welchen Raum nämlich und welche Gestalt sie dem kreatürlichen Dasein zuzugestehen gehalten sei.»

- Wo die Interaktion zwischen dem Ich und dem Du stirbt, stirbt allmählich jede Beziehung zwischen ihnen.

Die Hinwendung findet auf Grund eines Bedürfnisses statt. Sie ist Aufgabe für einen jeden von uns. Die Chance zur Interaktion ist zugleich die Chance, seelisch zu wachsen. Hinwendung als Wesenshandlung ist ein elementarer Bestandteil der psychischen Aktivität zwischen Ich und Du. Sie kennzeichnet die Bereitschaft des Ichs zur Selbstablösung, um das Du zu erleben. Hinwendung zum Du ereignet sich im Gespräch. Das wesentlichste Element im Gespräch aber ist das Zuhören. Die Fähigkeit zum Zuhören setzt das Zurücknehmen der eigenen Intentionen voraus. Wirkliches Zuhören ist ohne alterozentrierte Grundhaltung nicht möglich. Unter «alterozentriert» ist ein kommunikatives Einstellungsverhalten zu verstehen, das die eigenen Wünsche, Vorstellungen, Wertmassstäbe zurücknimmt und sich ganz auf das Du, den Partner, auf seine Erscheinung, sein Verhalten, seine Wünsche und sein Anliegen konzentriert. Eben – ganz auf den anderen konzentriert sein.

Der Interaktionsstil des Christen soll also von Alterozentriertheit geprägt sein!

- Wer nicht zuhören kann, kann dem anderen auch keine wirkliche Zuwendung geben.

Zuhören ist eine Form der Selbstablösung, des Selbstverzichtes. Damit ist Zuhören auch eine Form der Liebe. Wer sich nicht von sich selbst lösen kann, wer sein Denken und Handeln nicht neu orientiert, dem fehlt die Grundlage für den von Christus geforderten neuen Interaktionsstil. Der Evangelist berichtet:

> «In jenen Tagen trat Johannes der Täufer auf und verkündete in der Wüste von Judäa: Kehrt um! Denn das Himmelreich ist nahe... Bringt Frucht hervor, die eure Umkehr zeigt...» (Mt 3, 1-2,8)

Zuerst war es Johannes der Täufer, der das Umdenken, die Umkehr, die Wandlung predigte. Dann aber setzte Jesus diese Verkündigung fort:

> «Als Jesus hörte, dass man Johannes ins Gefängnis geworfen hatte, zog er sich nach Galiläa zurück. Er verliess Nazaret, um in Kafarnaum zu wohnen, das am See liegt, im Gebiet von Sebulon und Naftali... Von da an begann Jesus zu verkünden: Kehrt um! Denn das Himmelreich ist nahe.» (Mt 4, 12-13, 17)

Wie soll denn sonst die Umkehr in einem Menschen stattfinden, wenn nicht mit der Änderung des Interaktionsverhaltens? Die Fähigkeit zum Zuhören ist gestört, wenn folgende Haltungen beobachtbar sind:

a) Negative Lebenseinstellung
b) Egozentrierte Grundeinstellung
c) Subordinationseinstellung.

Zu a): Wer sich mit den Lebensvorgängen nicht identifiziert, baut zum Leben – auch zu seinem eigenen – mehr und mehr eine Distanz auf. Ein Mensch mit negativer Lebenseinstellung hat das Vertrauen in sein Ich und in seine Mitmenschen letztlich verloren. Seine Wahrnehmungen geschehen selektiv – es sind namentlich selektive Wahrnehmungen des Negativen. Ein solcher Gesprächspartner empfindet das Zuhören als Last, sein «Interesse» am Du entspringt meistens einer Fremdinitiative.

Äusserlich hinterlässt solch ein Mensch einen starren Eindruck. Sein Gesicht bleibt reglos, und es scheint, als spiegle sich ein strenges Über-Ich in ihm wider. Ein offener Augenkontakt fehlt, seine gesamte Erscheinung wirkt müde, fast resignativ. Der Sprechende wartet vergeblich auf ein Signal dieses «Zuhörers», das ihn ermuntern könnte, weiterzusprechen. Der Partner spricht gegen eine harte, kalte Wand. Wo eine Vertrauensbasis letztlich in der Wesenstiefe eines Menschen fehlt, ist seine Interaktion erheblich belastet.

Zu b): Ein egozentrierter Mensch kann nur schwer auf das Du zugehen. Sein Narzissmus blockiert ihn bei diesem Öffnen. Der Egozentriker sieht sich ständig im Mittelpunkt der Interaktionen. Ja, er lebt in dem Bewusstsein, kommunikative Begegnungen fänden vor allem seiner Person wegen statt. Dieses narzisstische Grundmuster seines Wesens kennzeichnet ihn als einen Menschen mit gestörter Selbstakzeptanz. In der Interaktion mit dem Du offenbart sich dies als Tendenz zu ausgeprägter Selbstdarstellung.

Der egozentrierte (nicht alterozentrierte) Gesprächspartner stellt sein Wesen, seine Auffassung, seine Eitelkeit zwischen sein Ich und das Du. Wer während einer Begegnung fast ausschliesslich daran denkt, was und wie er antworten werde, kann sich auf das sprechende Du nicht konzentrieren. So entgehen diesem Partner auch die Feinheiten in der Aussage des anderen. Weil der Egozentriker sein eigenes Anliegen stets höher bewertet als die Aussage des anderen, ist ihm ein wirkliches Verständnis für den anderen versagt.

Ich habe auch beobachtet, dass die Unfähigkeit zum Zuhören aus Mindergefühlen und Angstgefühlen resultieren kann. Zunächst vermutet man in diesem Zusammenhang keine Egozentrizität. Jedoch – Menschen mit Mindergefühlen oder Angstgefühlen müssen ihrer Selbsterhaltung wegen egozentriert kommunizieren. Ein Mensch mit Mindergefühlen tut dies deshalb, weil er befürchten muss, nicht genügend Gesprächsanteile zu erhalten. Ein Mensch mit Angstgefühlen spürt vor allem Angst vor Profilverlust, Angst vor Fehlern, Angst unterliegen zu können. Deshalb reisst er die Kommunikation an sich. In seiner Wesenstiefe fühlt sich ein solcher Mensch verlassen. In seinem nonverbalen Verhalten wirkt der egozentrierte Zuhörer ziemlich unruhig. Seine gesamte Körperhaltung ist angespannt, oft so, als sitze er auf dem Sprunge. Gelegentliches, manchmal heftiges Kopfnicken soll den Sprechenden bedrängen, seine Aussagen doch bald zu beenden, damit er, der Egozentriker, endlich seinen Gesprächsanteil (Monolog) präsentieren könne. Er zeigt fast immer eine ungeduldige Grundhaltung.

- Wer nicht genügend Werte in sich trägt, die ihm Gelassenheit erlauben, kann nicht warten, sich nicht gedulden.

Der ungeduldige Zuhörer fällt auch deshalb negativ auf, weil er dem Partner oft ins Wort fällt. Damit dokumentiert er bewusst und unbewusst eine Abwertung seines Gesprächspartners. So wird im gesamten interaktionellen Verhalten des Egozentrikers spürbar, dass er nicht in der Tiefe seines Wesens ruht, sondern die Interaktion kompensatorisch für sein schwaches Selbstwertgefühl nutzt.

Zu c): Mit «Subordination» meine ich soziale und hierarchische Herrschaftsbeziehungen. Nicht selten finden wir hier in der Interaktion die Einstellung: Wer aus der höheren Position spreche, bestimme auch den Interaktionscharakter. Diese Auffassung ist deshalb falsch, weil mit dem Innehaben einer höheren Position nicht automatisch der Nachweis erbracht ist, auch kommunikativ für diese Position geeignet zu sein.

Für den Subordinations-Zuhörer ist die Begegnung mit dem Du mehr ein Austausch hierarchischer Positionen als interessiertes Kennenlernen des anderen. Zudem nimmt der Partner rational und nicht emotional wahr. Er bestimmt – wie lange er zuhören will. Er gestattet – die Länge oder Kürze eines Dialoges.

- Interaktionen, die unter Zwängen verlaufen, lassen keine Entfaltung von Ich und Du zu.

Im lebendigen Dialog sind beide Partner aktiv: der Sprechende und der Zuhörer. Durch die Zuwendung, die sie sich geben, wachsen sie einander in ihrer Wesenshaltung zu.

Die Interaktion des Christen ist konstruktiv, belebend, gestaltend. Sie drückt Freude am Du aus. Der Christ verbreitet eine Atmosphäre der Wärme, emotionaler Ruhe. Die Fähigkeit zum Zuhören stellt sich bei ihm so dar:

a) Beobachtendes Zuhören
b) Betrachtendes Zuhören
c) Integrierendes Zuhören.

Zu a): Zuhören ist an erster Stelle bewusstes, aktives Wahrnehmen des Interaktionsvorganges, insbesondere des Interaktionspartners. Dem beobachtenden Zuhören wohnt ein analytisches Element inne. Dies zeigt sich darin, dass der schweigende Beobachter Feinheiten des nonverbalen und verbalen Verhaltens des Sprechenden sorgsam registriert. Er prägt sich das habituelle Erscheinungsbild des Partners sehr genau ein und erlebt dadurch sein tiefes Interesse am Interaktionsvorgang. Ich verstehe hier «Interesse» im urspünglich lateinischen Sinne – das «Dazwischen-Sein». Das beobachtende Zuhören drückt eine starke Identifikation des Zuhörenden mit dem Interaktionsgeschehen aus. Der Zuhörende sammelt durch sein Beobachten viele Mosaiksteinchen des Persönlichkeitsbildes, das ihm der Sprechende präsentiert. Er, der Zuhörer, macht sich Gedanken über das Fremdbildnis seines Partners. Die Wesenszüge, die beobachtbar werden, das gedankliche Gebäude, das er errichtet – ja, die Gesamtheit des augenblicklich wirkenden und sprechenden Du dringt in das zuhörende Ich ein und nimmt Platz. Es ist die Stimmung des Geborgenseins, guten zwischenmenschlichen Verstehens.

Im beobachtenden Zuhören liegt kreative Spannung. Das expressive Geschehen, das der Sprechende prägt, lässt immer wieder neue Aufmerksamkeitswerte für den Zuhörer sichtbar werden. Der beobachtende Zuhörer ist angespannt, weil er entdecken will. In der nonverbalen, physiognomischen Ausdrucksgebärde öffnet sich ihm der Sprechende ebenso wie in der Feinheit seines sprachlichen Ausdrucks. Das beobachtende Zuhören wird so zu einer Begegnung, die Freude und Harmonie vermittelt. Wir finden sie in der Beziehung zwischen liebenden Partnern, im Familienkreis, in der religiösen Gemeinschaft.

Zu b): Das betrachtende Zuhören geschieht spannungslos. Der Zuhörer selbst fühlt sich unbefangen und lässt die Interaktion an sich herantreten. Seine Erwartungen entspringen der Spontaneität der Begegnung. Der betrachtende Zuhörer hat seine Wünsche, Vorstellungen und Projektionen gegenüber dem Du zurückgenommen. Dadurch öffnet er sich in einer vorbehaltlosen Grundhaltung für die Persönlichkeit des Sprechenden.

Betrachtendes Zuhören lebt aus der Ganzheit des Interaktionsaktes. Der Zuhörende nimmt eine Vielzahl von Aspekten der Begegnung mit dem Du auf. Doch es geschieht nicht gezwungen, nicht final. Das Element des Nicht-Finalen vermittelt dem Zuhörer ein Gefühl ungezwungenen Erlebens. Dennoch ist es keine Distanz. Vielmehr liegt dem betrachtenden Zuhören eine Freude am Erlebnis des Du zugrunde. Eine Freude, den Sprechenden augenscheinlich wahrzunehmen; die harmonische Parallelität zwischen stimmlichem Ausdruck und verbaler Individualität zu erleben. Der betrachtende Zuhörer verarbeitet die Bestandteile des Gehörten assoziativ. Dadurch schafft er die Grundlage für eine individuelle Weiterentwicklung des Gespräches.

Zu c): Das integrierende Zuhören ist ganz auf das zuhörende Ich bezogen. Das Ich erlebt solche Begegnungen stets voller Erwartung. Die Hinwendung des Du zum Ich integriert das Ich in die liebevolle und bergende Haltung des Interaktionspartners. Das Ich wird zum Empfangenden, zum begreifenden Wesen. Im integrierenden Zuhören wächst die Selbstakzeptanz des hörenden Ichs in den Gleichklang der erlebten Partnerschaft hinein.

Dies ist ein Ansatz zu einem neuen Interaktionsstil. Sie sehen – das Loslassen der eigenen Persönlichkeit, das Zugehen auf das Du, das Einfache und das Andere – das ist es, was den Christen charakterisiert.

2. *Emotionale Ausdrucksfähigkeit*

Die Interaktion zwischen Ich und Du bildet die kommunikative Grundlage, um emotional erlebbar zu werden. Ein Mensch jedoch wird für den anderen erlebbar, wenn er Gefühle und Empfindungen in Worte kleiden kann.

Gefühle sind Elemente des Erlebens, die Qualitäten menschlichen Gestimmtseins. Wenn wir von «Lebensgefühl» sprechen, so meinen wir unsere Grundstimmung, die uns mit dem Leben verbindet, die unser Leben prägt. (Ich habe dazu bereits einige Gedanken im Kapitel «Urvertrauen» ausgeführt.) Unser Lebensgefühl erfüllt uns und bestimmt entscheidend unser Verhalten. Da Gefühle bewusstseinsunabhängig entstehen, können wir kaum etwas dagegen unternehmen, *dass sich* und *welche* Gefühle sich in uns entwickeln und aufdrängen.

- Wer seine Gefühle äussern kann, gibt dem Du eine fundamentale Orientierung. Wer dazu nicht in der Lage ist, ist psychisch krank.

Gefühle beziehen sich stets auf die emotionale Erlebnisstruktur des Ichs. Sie charakterisieren den emotionalen Seinszustand des Ichs. (Ich bin froh… – Ich fühle mich gut… – Ich kann mich heute selbst nicht leiden…) Wer über seine Gefühle sprechen kann, gibt über seine Gestimmtheit Auskunft.

- Ein fundamentaler Schritt zur Angstbewältigung ist die Fähigkeit, über seine Angst sprechen zu können.

Ich habe viele Menschen kennengelernt, die nicht in der Lage waren, über ihre Gefühle zu sprechen. Zu diesem Verhalten haben unterschiedliche Ursachen geführt. Einige seien genannt:

- Allgemein emotionale Distanz im Elternhaus; die Eltern haben keine Gefühle gezeigt und nicht über Gefühle, schon gar nicht über ihre eigenen, gesprochen –
- Verbot für Gefühle im Elternhaus; wer weint, zeigt Schwäche – schliesslich muss jeder mit sich allein fertig werden –
- Gefühle sind etwas Schlechtes, weil sie den Geist verwirren und sich nicht kontrollieren lassen –
- Ignoranz des kindlichen Ichs durch die Bezugspersonen und damit auch Ignoranz des Gefühlslebens des Kindes –
- Starre und strenge Normen des elterlichen Über-Ichs, das es nicht gestattete, Konflikte emotional auszutragen. (Die ständige Verdrängung unverarbeiteter Konflikte kann zu einem neurotischen Verhalten führen.)

Im Vorgang der Gefühlsäusserung liegt ein Stück Konflikt-, ja Lebensbewältigung. Dies ist vor allem dann der Fall, wenn das Sprechen über seine eigenen Gefühle nicht beiläufig, sondern bewusst geschieht. Bewusstes Sprechen über eigene Gefühle erfüllt zwei elementare Funktionen:

a) Befreiende Gelöstheit des Ichs
b) Orientierung für das Du.

Zu a): Da es im allgemeinen schwerer fällt, über seine *negativen* Gefühle zu sprechen, konzentriere ich mich auf diese Gefühlsmerkmale. Das menschliche Ich wird im allgemeinen von vier negativen Gefühlsarten bestimmt: von Angstgefühlen, Mindergefühlen, Schuldgefühlen und Schamgefühlen. Durch jedes dieser negativen Gefühle kann der Mensch eine lähmende Distanz zum Du erfahren. Deshalb ist ein solcher Mensch nur bedingt zu wirklicher Interaktion fähig. Zu viele seelische Kräfte werden gebunden, um den negativen Gefühlsbereich ständig kontrollieren zu können. Es liegt wohl nahe, dass diese Kräfte einer aktiven Lebensführung abgezogen werden. Ich kenne viele Personen in leitenden Positionen, die diese negativen Gefühle täglich verbergen müssen. Wer in einem Unternehmen arbeitet, das Massstäbe zur Beurteilung einer Persönlichkeit nach rationalen Kriterien vergibt, wird sich tunlichst hüten, in sein Inneres Einblick zu gewähren. Wenn sich diese Personen auch im Privatleben nicht öffnen können, besteht die Gefahr einer sozialen Isolierung und die Neigung zu psychosomatischen Krankheiten.

Wer seine, ihn belastenden Gefühle verbalisiert, befreit sich aus dem Käfig seelischer Einengung. Zugleich kann mit diesem Vorgang ein Vertrauensbeginn verbunden sein. Das belastete Ich fühlt sich vom zuhörenden und beratenden Du angenommen und verstanden. Im Sprechen über das eigene Ich liegt ein Stück Selbstverwirklichung.

Zu b): Wer über seine Gefühle sprechen kann, bietet auch eine Orientierung für das Du. Aus der Orientierung folgt die Ordnung der Beziehungen zwischen Ich und Du. Bindung oder Trennung heissen in diesem Zusammenhang die wichtigsten Bezugskriterien. Sind Ich und Du in eine engere Interaktion eingetreten, so werden die geäusserten Gefühle zum Gradmesser der situativen Lebensbetrachtung. Die Orientierung, die ein Interaktionspartner erhält, bildet eine entscheidende Grundlage für sein eigenes Reaktionsmuster dem anderen gegenüber. Sein Verhalten wird mitbestimmt von den emotionalen Werten, die der einzelne in die Interaktion einbringt.

- Tragende zwischenmenschliche Beziehungen werden über Gefühle, nicht über den Verstand geknüpft –
- Wenn Sie über Ihre Gefühle sprechen können, gewinnen Sie Sicherheit im Umgang mit sich selbst und mit anderen –
- Ihre Mitmenschen warten auf emotionale Signale von Ihnen –
- Überprüfen Sie, ob Sie einen Gesprächspartner haben, mit dem Sie über Ihre Gefühle sprechen können –
- Wenn Sie bei der Aufforderung, über Ihre Gefühle zu sprechen, einen inneren Widerstand spüren, so analysieren Sie, was Sie blockiert –
- Je weniger Sie über sich und Ihre Gefühle sprechen, desto grösser ist die Gefahr psychischer und körperlicher Erkrankungen!

Auch die Fähigkeit, Empfindungen verbalisieren zu können, kennzeichnet die emotionale Ausdrucksfähigkeit. Empfindungen sind elementare Bestandteile der Wahrnehmung. Auf die Interaktion bezogen, bedeutet dies: Das Ich beobachtet am Du ein bestimmtes Verhalten. Dieses Verhalten oder Einzelheiten dieses Verhaltens lösen im Ich eine emotional positive oder negative Reaktion aus. Im Verbalisierungsvorgang äussert das Ich, wie es dieses oder jenes Verhalten empfunden hat. Während sich also Gefühle auf die emotionale Erfahrung des Ichs mit sich selbst beziehen, betreffen Empfindungen die emotionale Erfahrung des Ichs mit dem Du.

Durch seine Empfindungen drückt der Mensch meistens aus, wie er seinen Umgang mit dem Du psychisch eingeordnet hat. Eine positive zwischenmenschliche Beziehung wird um so enger, je mehr die Partner voneinander wissen. Diese Kenntnis des einen über den anderen stärkt die Hinwendung, fördert die Erlebnistiefe zwischen Partnern.

3. *Konfliktfähigkeit*

Die Konfliktfähigkeit gehört zum Wesen des Menschen. Ich verstehe hier unter «Konfliktfähigkeit» die psychische Bereitschaft eines Menschen, sich mit den Tendenzen, Interessen, Motiven in seiner Persönlichkeit auseinanderzusetzen. Da das Aufeinanderprallen unterschiedlicher Kräfte und Ziele innerhalb und ausserhalb der menschlichen Persönlichkeit geschieht, sprechen wir von «psychischen» und von «sozialen» Konflikten. Da der Weg zum Christsein zwingend mit Selbsterkenntnis verbunden ist, stelle ich zunächst ein wichtiges Element dar, das die Selbsterkenntnis trägt: das Selbstbildnis und das Fremdbildnis. Unter «Selbstbildnis» verstehe ich die Vorstellung, die Meinung, die ein Mensch über sich selbst im Laufe der Jahre gewonnen hat. Dagegen verstehe ich unter «Fremdbildnis» die Summe aller körperlichen und charakterlichen Merkmale eines Menschen, die auf einen anderen in der sozialen Beziehung urteilsbildend, wertend, meinungsbildend wirken.

Die Diskrepanz zwischen Selbstbildnis und Fremdbildnis erzeugt im Menschen häufig Konflikte. Die Interaktion des Christen ist dann im persönlichkeitsbildenden Sinne fruchtbar, wenn er bereit ist, sich mit der Diskrepanz zwischen Selbstbildnis und Fremdbildnis auseinanderzusetzen. Diese Auseinandersetzung bildet nämlich die Grundlage für psychische Reifung.

Bei den meisten Menschen bestehen zwischen Selbstbildnis und Fremdbildnis erhebliche Unterschiede. Dies rührt daher, dass uns narzisstische Wesenszüge daran hindern, uns kritisch genug mit uns selbst zu beschäftigen. Wir lassen uns nicht so gern von anderen sagen, was sie wirklich von uns halten und wie wir auf sie gewirkt haben. So basteln wir im Laufe der Jahre ein Selbstbildnis zusammen, das es uns gestattet, mit uns selbst einigermassen im Frieden zu leben. Dies mag gewiss eine Art der Selbsterhaltung und des Selbstschutzes sein. Spätestens dann jedoch, wenn psychische und soziale Konflikte uns blockieren, sich gar in körperlichen Symptomen äussern, beginnen wir über uns nachzudenken.

- Sie sind nicht der, der Sie meinen zu sein –
- Wer und wie Sie wirklich sind, das sagen Ihnen Ihre Mitmenschen –
- Die Selbsterkenntnis des Ichs kann nur damit beginnen, dass es erfährt, wie es auf das Du wirkt –
- Wer seine Wirkung auf andere kennt, wird allmählich sicherer im Umgang mit sich selbst und mit seinem Mitmenschen.

Die Seinserfahrung in der Interaktion wächst über den Charakter einer blossen Begegnung hinaus, wenn sich die Partner für einander öffnen. Ein Mensch, der glaubt, auf die Analyse seines Fremdbildnisses verzichten zu können, isoliert sich sozial mehr und mehr. Er flieht vor seinen eigenen psychischen Konflikten, die aus der Erfahrung mit dem Fremdbildnis entstehen könnten.

Der neue Interaktionsstil des Christen, zu dem Jesus auffordert, verlangt die Bejahung der eigenen Konflikte als elementaren Bestandteil der Selbstfindung.

Folgende Überlegungen sollen uns etwas näher beschäftigen:

a) Das Interesse am eigenen Fremdbildnis setzt Selbstbejahung voraus –
b) Die Diskrepanz zwischen Selbstbildnis und Fremdbildnis erzeugt Unsicherheiten –

c) Die Kenntnis des eigenen Fremdbildnisses belebt die sozialen Interaktionen.

Zu a): Die Beschäftigung mit dem eigenen Fremdbildnis setzt voraus, dass das Ich einen positiven Zugang zu sich selbst gefunden hat. Die Selbstbejahung befähigt das Ich dazu, sein eigenes körperliches und charakterliches Erscheinungsbild wenigstens elementar zu akzeptieren. Dies geschieht auf der Basis des Vertrauens. Erst die Selbstakzeptanz ermöglicht es ja, eine echte und offene Interaktion aufzubauen.

Weil das Ich durch Urvertrauen und Selbstbejahung auf seine psychischen Fundamente vertraut, ist es in der Lage, seine Persönlichkeitsmerkmale durch das Du entdecken und bewerten zu lassen. Der Mensch kann sich dann dem Gegenüber öffnen, ohne eine ernsthafte Bedrohung für sein Ich zu befürchten. Er lässt das Du mit seinen Massstäben und Wertungen in das Ich eintreten. Das Du äussert seine positiven und negativen Empfindungen dem Ich gegenüber.

Ein ängstlicher Mensch, der in seiner Persönlichkeitsentwicklung häufig Ablehnung durch andere erlebt hat, verschliesst sich gegenüber Aussagen, die sich mit seiner Person beschäftigen. Er befürchtet, in seinem mühsam errichteten Persönlichkeitsgebäude Risse und Erschütterungen zu erleben. So bleibt er mit seiner Angst allein.

- Wer sich nicht sagen lässt, wie er auf andere wirkt, wird nicht lernen, sich selbst zu verstehen –
- Nur jener Mensch ist ein guter Menschenkenner, der auch sein Fremdbildnis genau kennt.

Zu b): Unser Lebensgefühl wird elementar davon bestimmt, wie es uns gelungen ist, im Leben heimisch zu werden. Diese Geborgenheit im Leben beeinflusst unsere Interaktionen entscheidend. Eine Identität zwischen Selbstbildnis und Fremdbildnis anzustreben, ist ein Bestandteil dieser Interaktionen. Die Identität ermöglicht uns eine realistische Einschätzung unseres Handlungs- und Wirkungsprofiles. Diese Identität bildet einen Teil der Grundlage unserer persönlichen Identität.

Die Diskrepanz allerdings zwischen Selbsteinschätzung und Fremdeinschätzung erzeugt Unsicherheit. Ich habe dies in zahlreichen Begegnungen beobachten können. So glauben viele Menschen zum Beispiel in ihrem kommunikativen Verhalten auf ihre Mitmenschen positiv zu wirken. Zu diesem Eindruck von sich selbst sind jene Personen im Laufe der Zeit gelangt. Eines Tages jedoch äussern sich Freunde oder Bekannte kritisch über das kommunikative Verhalten. Dies bringt den Beurteilten fast aus der Fassung, da er dies nicht vermutet hat.

Nach seiner Selbsteinschätzung meint ein Christ, einem anderen einen Akt der sozialen Hilfe erwiesen zu haben. In den Augen eines kritischen Beobachters aber mag diese soziale Tat als Profilierungsversuch bewertet werden.

Die Diskrepanz zwischen Selbsteinschätzung und Fremdeinschätzung erzeugt in uns Konflikte.

- Die Neu-Orientierung in der Interaktion eines Menschen beginnt damit, dass er die Angst überwindet, von anderen Negatives über sein Persönlichkeitsbild zu hören.

Zu c): Unser Leben liegt eingebettet in mehreren Sozialverbänden. Das entscheidende Merkmal dieser Gruppenzugehörigkeit ist die Fähigkeit zur Interaktion. Die Kenntnis des eigenen Fremdbildnisses belebt die sozialen Interaktionen. Wer sich durch Gruppenbegegnungen selbst erfahren hat, baut seine Ängste vor Gruppen rascher ab als ein gehemmter Mensch. (Siehe dazu mein Buch «Sprechen vor Gruppen», Klett Verlag, Stuttgart)

Christsein ist ohne Gruppenbegegnungen kaum zu verwirklichen. Die Persönlichkeitsbildung des Christen benötigt soziale Interaktionen, weil dieser am Du seinen ethischen Auftrag erfüllt.

- Verhaltenskorrekturen in der sozialen Interaktion sind nur möglich, wenn sich die Einstellung des Ichs zu sich selbst ändert –
- Suchen Sie sich Menschen, mit denen Sie über Ihr Fremdbildnis sprechen können –
- Überprüfen Sie wöchentlich, wie Sie Ihre persönlichkeitsbildenden Interaktionen gestalten.

Ein bedeutender Bestandteil der Konfliktfähigkeit ist die *Kritikfähigkeit* eines Menschen. Da ich zu viele Interaktionen mit Christen erlebt habe, die unter gestörter Kritikfähigkeit gelitten haben, widme ich diesem Gebiet noch eine Betrachtung. In der Kritikfähigkeit zeigt sich dem Ich und dem Du ein besonderes Merkmal der sozialen Interaktion. Zugleich ist damit eine Form der Verbalisierung von Empfindungen und Gefühlen angesprochen, die unter einem bestimmten Aspekt geäussert werden. Wer kritisiert, wünscht im allgemeinen eine Verhaltensänderung des Kritisierten. Manchmal ist in die Kritik auch die Änderung von Lebensbedingungen eingeschlossen.

Der Interaktionsmodus, in dem sich Kritik ereignet, enthält zwei unterschiedliche Intentionen:

a) Konstruktive Kritik
b) Destruktive Kritik.

Bei beiden Interaktionsmodi geht es darum, wie Kritik geübt, also verbalisiert wird.

Zu a): Konstruktive Kritik akzeptiert die Fremdpersönlichkeit des anderen. Sie ist von der Motivation getragen, das Du durch helfende, beratende Hinweise zu stabilisieren. Eine wahrhaft christliche Absicht! Dadurch trägt konstruktive Kritik dazu bei, die Ich-Du-Beziehung zu Wachstum, Entfaltung und Reife zu führen. Für die Kritik-Begegnungen schlage ich vor:

- Legen Sie als Kritiker zuerst Ihre Absicht dar, die Sie bewogen hat, Kritik zu äussern. Sie erhalten dadurch die positive Atmosphäre, die Ihre zwischenmenschliche Beziehung zum Du prägt. Sie zeigen durch dieses Verhalten ausserdem, dass Ihnen der Kritikvorgang nicht gleichgültig ist.

- Kritisieren Sie niemals pauschal! Allgemeine und oberflächliche Aussagen können leicht missverstanden werden; durch Pauschalaussagen könnte der Kritisierte auch falsch assoziieren: nämlich existentiell und nicht situativ kritisiert zu werden.
- Tragen Sie Ihr Beobachtungsergebnis vor. Schildern Sie dabei im Detail, welches Verhalten, welche Aussage der Partner gegeben hat. Nehmen Sie also ihre Belegpflicht sehr ernst! Wenn Sie Beispiele anführen, fördern Sie den Identifikationsvorgang und erhöhen die Glaubwürdigkeit Ihres Anliegens.
- Geben Sie dem Kritisierten Hinweise, Empfehlungen, Ratschläge; unterbreiten Sie ihm Vorschläge! Das ist das eigentlich konstruktive Element in der Begegnung mit dem Kritisierten.
- Vergewissern Sie sich beim Kritisierten, nachdem Sie Ihre Kritik ausgesprochen haben, wie er Ihre Aussagen aufgenommen hat. Sich nach der augenblicklichen emotionalen Befindlichkeit des Kritisierten zu erkundigen, ist ein Merkmal hoher Identifikation in der Ich-Du-Beziehung.
- Fragen Sie den kritisierten Gesprächspartner, welche Vorschläge, die Sie ihm unterbreitet haben, er früher und welche er erst später meint realisieren zu können. Sie bieten ihm damit Gelegenheit zur Selbstreflexion und Selbsteinschätzung.
- Bieten Sie grundsätzlich jedem kritisierten Gesprächspartner die Gelegenheit zur Rechtfertigung und zur replizierenden Darstellung. Seien Sie dabei ein guter Zuhörer und unterbrechen Sie ihren Partner nicht!

Zu b): Ich bezeichne Kritik als «destruktiv», wenn sie den Charakter des Richtens, des Verurteilens, der Ablehnung, der Abwertung der Persönlichkeit des anderen erkennen lässt. Das Matthäus-Evangelium berichtet in der Bergpredigt darüber, was Jesus vom Richten hält:

> «Richtet nicht, damit ihr nicht gerichtet werdet! Denn wie ihr richtet, so werdet ihr gerichtet werden, und nach dem Mass, mit dem ihr messt und zuteilt, wird euch zugeteilt werden. Warum siehst du den Splitter im Auge deines Bruders, aber den Balken in deinem Auge bemerkst du nicht? Wie kannst du zu deinem Bruder sagen: Lass mich den Splitter aus deinem Auge herausziehen! – und dabei steckt in deinem Auge ein Balken? Du Heuchler! Zieh zuerst den Balken aus deinem Auge, dann kannst du versuchen, den Splitter aus dem Auge deines Bruders herauszuziehen.» (Mt 7, 1-5)

Deutlicher und härter vermag man es kaum zu sagen. Wer in diesem Sinne destruktiv kritisiert, entfernt sich ganz von christlichen Intentionen. Paulus fordert im Römerbrief auf:

> «Daher wollen wir uns nicht mehr gegenseitig richten. Achtet vielmehr darauf, dem Bruder keinen Anstoss zu geben und ihn nicht zu Fall zu bringen.» (Röm 14, 13)

Destruktive Kritik kritisiert die Persönlichkeit des anderen total. Der Kritisierte fühlt sich vom Partner in seiner ganzen Persönlichkeit abgelehnt. Dieses Gefühl entsteht dadurch, dass der Kritiker zwar ein Fehlverhalten aufgreift, von diesem aber auf die ganze Persönlichkeit des Kritisierten schliesst. Der destruktive Kritiker unterscheidet nicht zwischen dem Verhalten, das er ansprechen will (?), und der Persönlichkeit, die dieses Verhalten gezeigt hat. Der Kritisierte fühlt sich vom anderen abgelehnt.

Beispiele:

(*In der Kindererziehung:* Das Kind hat einen Einrichtungsgegenstand beschädigt. Die Mutter sagt: «Geh weg, ich mag dich nicht! Kinder, die alles kaputtmachen, mag ich nicht!»
In der Ehe: Er und sie spielen Tennis. Er schlägt den Ball häufig ins Aus. Sie sagt: «Mit dir macht ja überhaupt nichts Spass!» Ein Hinweis auf eine bessere Technik oder Handhabung wäre konstruktiv gewesen.
Im Beruf: Der Vorgesetzte kritisiert einen Mitarbeiter wegen eines Fehlers so: «Seien Sie nur froh, dass Sie nicht die Verantwortung für alles tragen müssen. Sie würden glatt zusammenbrechen!» Der Mitarbeiter wird gleichsam entmündigt.)

Destruktive Kritik wirkt verletzend. Dies geschieht meist gezielt. Der Kritiker verletzt, indem er die ihm bekannten Persönlichkeitsschwächen des anderen aufgreift, ins Bewusstsein ruft und den Partner abwertet.
Beispiele:

(*In der Kindererziehung:* Das Kind ist ungeschickt im Umgang mit dem Handwerkszeug. «Aus dir wird sicher nichts Gescheites werden! Du mit deinen zwei linken Händen. Wenn ich dir nur zuschaue...!»
In der Ehe: Er sagt zu ihr: «Ich frage mich tatsächlich, wie ich dich bei deinem Aussehen überhaupt heiraten konnte!»
Im Beruf: Ein Kollege zum anderen: «Sie haben wohl Ihre Lehre in der Baumschule absolviert?»)

Diese und ähnliche Worte wirken für den Kritisierten desillusionierend. Sie verletzen sein Selbstwertgefühl erheblich.
Vergleichende Kritik ist deshalb destruktiv, weil sie Mindergefühle fördert oder verstärkt. Sie ist dort gar nicht am Platze, wo emotionale Beziehungen die Bewertungskriterien bilden.

Vergleichende Kritik erreicht ihre stärkste negative Ausprägung, wenn sie in der Anwesenheit von Dritten geübt wird.

Beispiele:

(*In der Kindererziehung:* Die Eltern stellen sich dem Kind als Vorbild hin: «Als ich so alt war wie du, habe ich keine schlechte Note im Zeugnis gehabt.»
In der Ehe: Der Mann zur Frau: «Ich finde, dass der Haushalt deiner Schwester gepflegter ist.»
Im Beruf: «Ihre Darbietungen, Herr Kollege, stehen hinter denen der anderen noch erheblich zurück.»)

Die destruktive Kritik bedient sich meistens absoluter Aussagen. Diese besitzen pauschalen Charakter. Ein solcher Aussagecharakter ist provozierend und anmassend. Er degradiert den Kritisierten.

Beispiele:

(*In der Kindererziehung:* Die Mutter zur Tochter: «Du warst noch nie ein ordentliches Kind. Dein Zimmer ist immer unaufgeräumt!»
In der Ehe: Der Mann zur Frau: «Das habe ich dir schon tausendmal gesagt. Du hast absolut keinen Geschmack.»
Im Beruf: Kritik am Arbeitsplatz. Zur Sekretärin: «Muss ich Ihnen das denn jedesmal sagen?»)

Destruktive Kritik lässt oft autoritäre Züge erkennen. Ich verstehe in diesem Zusammenhang unter «autoritär» die Beziehung zwischen zwei Personen, bei der einer der beiden Partner seine Vorstellungen und Wünsche auf das Du überträgt, ohne nach den Bedürfnissen und Wünschen des Du zu fragen und ohne für seine Übertragung oder Forderung eine Begründung zu geben. Die imperativische Tendenz der destruktiven Kritik bringt auch das Dominanzstreben des Kritikers zum Ausdruck.

Beispiele:

(*In der Kindererziehung:* «Das sehe ich nicht noch einmal an dir! Ist dir das klar?»
In der Ehe: Der eine Partner zum anderen: «Wenn ich dir sage, das ist so – dann ist das so! Von dieser Meinung über dich wirst du mich nicht mehr abbringen!»
Im Beruf: «Das muss anders werden mit Ihnen! Sie verbauen sich bei uns sonst jede Chance!»)

Oftmals wirkt der destruktive Kritiker mit seiner Kritik schon deshalb unglaubwürdig, weil er sie zum falschen Zeitpunkt übt. So erscheinen alle Situationen als ungeeignet, in denen der Kritisierte körperlich und psychisch nicht aufnahmefähig ist. Es zeigt sich hier sehr deutlich, dass die Egozentrizität des Kritikers bestimmend wird. Letztlich geht es ihm nicht um eine Verhaltensänderung des Partners, sondern darum, vorwiegend negativer Emotionalität Raum zu geben.

Wer Kritik unter falschem Vorwand übt, sucht auf Schleichwegen interaktionell auszudrücken, was ihm fehlende Selbstbehauptung in direkter Konfrontation nicht ermöglicht. So kann destruktive Kritik unter diesem Aspekt zu einer *scheinbaren* Konfliktbewältigung der Interaktionspartner beitragen. In Wirklichkeit aber bringt sie neue emotionale Verletzungen.

(So kann in der Kindererziehung eine Mutter in Anwesenheit des Vaters das Kind fragen, zu welchem Elternteil es die innigere Beziehung habe. Die Mutter weiss, dass sich das Kind für sie entscheiden wird. Mit dieser Aussage des Kindes will die Mutter den Vater wegen seines schlechten Erziehungsstiles kritisieren. Sie wagt nämlich nicht den offenen Meinungsaustausch über Erziehung mit ihrem Mann, da sie sich argumentativ zurückgedrängt fühlte.

Ähnliches lässt sich über die Ehe und die berufliche Situation sagen.)

Destruktive Kritik wird oft unangemessen formuliert. Mit «unangemessen» ist jener Grad der Übertreibung gemeint, der die Aussage des Kritikers ins Irreale wachsen lässt. Diese Art der destruktiven Kritik lässt normale Beurteilungsmassstäbe nicht gelten. Die psychische Belastung, die sich für den Kritisierten daraus ergibt, gipfelt in ständigen Schuldgefühlen und Bestrafungsängsten.

Beispiele:

(*In der Kindererziehung:* Das Kind hat ein Stück Haushaltsgeschirr zerschlagen. Die Mutter sagt: «Du ruinierst mir den ganzen Haushalt. Wenn du das noch einmal machst, ist dein Taschengeld für ein halbes Jahr gestrichen.»

In der Ehe: Der Ehemann tanzt bei einer Veranstaltung mehrere Male mit einer anderen Frau. Die Ehefrau sagt zu ihm: «Was sollen bloss die Leute denken? Wozu sind wir eigentlich verheiratet? Ich sehe schon, dass ich dir nicht mehr gut genug bin! Aber warte nur, du wirst schon sehen, wie weit du ohne mich kommst!»

Im Beruf: Ein Angestellter hat der Produktionsstätte falsche Zahlen mitgeteilt. Der Vorgesetzte sagt: «Mensch, wenn wir lauter solche Mitarbeiter hätten, könnten wir einpakken. Die ganze Produktion läuft schief. Hoffentlich finden Sie noch einen anderen Arbeitsplatz.»

Die Drohgebärde, die in der übertriebenen Kritik oft sichtbar wird, lässt die Vertrauensbeziehung der Interaktionspartner auf die Dauer schwinden.

Destruktive Kritik ist rechthaberisch, narzisstisch, selbstgefällig. Sie drückt Geltungsstreben und die Tendenz zur Selbstdarstellung aus. Häufig ist sie der Ausdruck eines neurotisierten Verhaltens.

Beispiele:

(*In der Kindererziehung:* In Konflikten der Pubertierenden mit ihren Bezugspersonen sagen Erwachsene oft: «Ich habe das alles schon vorher gewusst. Aber dir fällt es ja schwer, mir einmal recht zu geben, wo ich die grösseren Erfahrungen habe.»

In der Ehe: Der Ehemann, der seine Frau wegen mehrerer kleinerer Ärgernisse im Haushalt kritisiert hat, sagt schliesslich: «Du musst mir schon zugestehen, dass ich sage, was mir nicht passt. Schliesslich gibst du mir ja ständig Anlass dazu!»

Im Beruf: Der Vorgesetzte zum Mitarbeiter: «Wenn Sie kein Abitur haben, brauchen Sie sich als mein Nachfolger keine Hoffnungen zu machen. Sie sehen doch, was ich hier leiste!»)

Wer Christsein verwirklicht, ändert sein kommunikatives Verhalten. Dies wird für den anderen erkennbar, spürbar. So ist es wohl erlaubt zu sagen: Ob wir wirklich Christen sind, entscheiden nicht wir selbst, sondern das werden uns die Mitmenschen bestätigen.

Kapitel V

Der Sein-orientierte Christ

1. Glaube und Vertrauen
2. Selbstüberwindung
3. Über die Liebe
4. Über das Gottesreich

Ein Glaube, der sich nicht durch Handeln zu erkennen gibt, ist tot. Damit knüpfe ich sinngemäss an die bereits zitierte Stelle des Jakobusbriefes an. Und ein ängstlicher Mensch, der nicht handelt, bleibt mit seiner Angst allein. *Wer den Weg zu seiner Selbstfindung gehen will, möge das Handeln üben.* Die Christuslehre meint stets das Tun, und deshalb stellt sie das Sein in den Mittelpunkt. Denn das Sein ist die Bewusstseinsbasis für die Selbststeuerung. Was aber bedeutet hier «Selbststeuerung»?

Die «Selbststeuerung» spricht das Selbstwertgefühl des Menschen an. Der selbstgesteuerte Mensch lebt aus seinem eigenen Sein heraus, erkennt die Werte in seiner eigenen Persönlichkeit. Tiefenpsychologie und Religion nennen dies gleichermassen ein «Leben aus der Mitte». Auch die Bezeichnung «zentrierte Persönlichkeit» gilt in diesem Zusammenhang. Wer aus seiner Wesensmitte lebt, ist im Urvertrauen fest verwurzelt.

- Jesus ging es zuerst darum, das Urvertrauen in das Seinsverständnis des Menschen einzupflanzen.

Der Sein-orientierte Christ lebt aktiv. Er verwirklicht in seinem Alltag sich selbst, indem er das Du, den Nächsten in die Mitte seines Handelns stellt. Vor allem fragt der Sein-orientierte Christ nicht danach, ob er durch seine Aktivität zuerst die Norm einer Kultgemeinschaft erfüllt oder nicht. Auch Jesus sieht das anders:

> «Nicht jeder, der zu mir sagt: Herr! Herr!, wird in das Himmelreich kommen, sondern nur, wer den Willen meines Vaters im Himmel erfüllt. Viele werden an jenem Tag zu mir sagen: Herr, Herr, sind wir nicht in deinem Namen als Propheten aufgetreten, und haben wir nicht mit deinem Namen Dämonen ausgetrieben und mit deinem Namen viele Wunder vollbracht? Dann werde ich ihnen antworten: Ich kenne euch nicht. Weg von mir, ihr Übertreter des Gesetzes!» (Mt 7, 21-23)

Nicht die Erfüllung formaler, verbaler, ritueller und liturgischer Kriterien steht im Mittelpunkt des christlichen Handelns. Der Sein-orientierte Christ versteht sein Christsein vielmehr als lebendige Zugehörigkeit zu einer Gemeinschaft, die glaubt und liebt. Denn die Vollendung des Christseins geschieht in der Liebe. So sagt Johannes in seinem ersten Brief:

> «Liebe Brüder, wir wollen einander lieben; denn die Liebe ist aus Gott, und jeder, der liebt, stammt von Gott und erkennt Gott. Wer nicht liebt, hat Gott nicht erkannt; denn Gott ist die Liebe ... Liebe Brüder, wenn Gott uns so geliebt hat, müssen auch wir einander lieben.» (1 Joh 4, 7-8, 11)

1. *Glaube und Vertrauen*

Der Sein-orientierte Christ lebt im Glauben an Gott. Was heisst das? Im Brief an die Hebräer, den ein schriftgelehrter Judenchrist verfasst hat, finden wir schon eine Teilantwort. Es heisst dort:

> «Glaube aber ist: Feststehen in dem, was man erhofft, Überzeugtsein von Dingen, die man nicht sieht.» (11,1)

Der Hebräerbrief meint mit Glaube das Handeln eines Menschen. Und dieses Handeln setzt er in eine Beziehung. Diese Beziehung wiederum lässt einen weiteren Begriff erkennen: das Vertrauen. Wer im Glauben an Gott lebt, lebt in der Bewusstseinshaltung, vom eigenen Urvertrauen getragen, von seiner Teilhabe am Unbedingten gestützt zu sein. Glaube ist das zur Gewissheit gewordene Urgefühl eines Menschen, von Gott geliebt zu werden. Dieses Gefühl, von Gott geliebt zu werden, können wir tief erfahren, wenn wir Liebe von anderen empfangen, aber auch wenn wir Liebe geben. Der erste Johannesbrief drückt dies so aus:

> «Gott ist die Liebe, und wer in der Liebe bleibt, der bleibt in Gott, und Gott bleibt in ihm.» (1 Joh 4, 16b)

Damit ist die Glaubensbezeichnung des Christen umschrieben. Es gibt keinen wirklichen Glauben ohne Liebe. Denn die Liebe ist der sichtbare Vollzug des Glaubens. Dazu erhalten wir eine klare Empfehlung aus dem ersten Johannesbrief:

> «Wenn jemand sagt: Ich liebe Gott!, aber seinen Bruder hasst, ist er ein Lügner. Denn wer seinen Bruder nicht liebt, den er sieht, kann Gott nicht lieben, den er nicht sieht. Und dieses Gebot haben wir von ihm: Wer Gott liebt, soll auch seinen Bruder lieben.» (1 Joh 4, 20-21)

Der Sein-orientierte Christ besitzt Glaube und Vertrauen. Und deshalb ist er in der Lage, sich selbst und seine Wünsche loszulassen. Das Matthäus-Evangelium lässt Jesus dazu folgendes sagen:

> «Deswegen sage ich euch: Sorgt euch nicht um euer Leben und darum, dass ihr etwas zu essen habt, noch um euren Leib und darum, dass ihr etwas anzuziehen habt. Ist nicht das Leben wichtiger als die Nahrung und der Leib wichtiger als die Kleidung? Seht euch die Vögel des Himmels an: Sie säen nicht, sie ernten nicht und sammeln keine Vorräte in Scheunen; euer himmlischer Vater ernährt sie. Seid ihr nicht vielmehr wert als sie? Wer von euch kann mit all seiner Sorge sein Leben auch nur um eine kleine Zeitspanne verlängern? Und was sorgt ihr euch um eure Kleidung? Lernt von den Lilien, die auf dem Feld wachsen: Sie arbeiten nicht und spinnen nicht. Doch ich sage euch: Selbst Salomo war in all seiner Pracht nicht gekleidet wie eine von ihnen. Wenn aber Gott schon das Gras so prächtig kleidet, das heute auf dem Feld steht und morgen ins Feuer geworfen wird, wieviel mehr dann euch, ihr Kleingläubigen! Macht euch also keine Sorgen und fragt nicht: Was sollen

wir essen? Was sollen wir trinken? Was sollen wir anziehen? Denn um all das geht es den Heiden. Euer himmlischer Vater weiss, dass ihr das alles braucht. Euch aber muss es zuerst um sein Reich und um seine Gerechtigkeit gehen; dann wird euch alles andere dazugegeben. Sorgt euch also nicht um morgen; denn der morgige Tag wird für sich selbst sorgen. Jeder Tag hat genug eigene Plage.» (Mt 6, 25-34)

Das Urvertrauen ist ein Merkmal des psychisch reifen und stabilen Christen. Gerade darin unterscheidet er sich vom angsterfüllten Menschen. Wer sich ständig um seine Haben-Werte sorgt – wie es im Zitat anklingt – ist wohl noch nicht ganz von der Liebesfähigkeit Gottes überzeugt.

2. *Selbstüberwindung*

Die Jesusbotschaft ist in ihren Aussagen zur Reifung des Christen eindeutig: Jesus fordert die Selbstüberwindung des einzelnen. Damit ist vor allem die Loslösung von den materiellen wie von den immateriellen Haben-Werten gemeint.

«Wenn du vollkommen sein willst, geh, verkauf deinen Besitz und gib das Geld den Armen; so wirst du einen bleibenden Schatz im Himmel haben; dann komm und folge mir nach. Als der junge Mann das hörte, ging er traurig weg; denn er hatte ein grosses Vermögen. Da sagte Jesus zu seinen Jüngern: Amen, das sage ich euch: Ein Reicher wird nur schwer in das Himmelreich kommen.» (Mt 19, 21-23)

Im Lukas-Evangelium finden wir ein Gleichnis, das die Forderung Jesu so verdeutlicht:

«Dann sagte er zu den Leuten: Gebt acht, hütet euch vor jeder Art von Habgier. Denn der Sinn des Lebens besteht nicht darin, dass ein Mensch aufgrund seines grossen Vermögens im Überfluss lebt.

Und er erzählte ihnen folgendes Beispiel: Auf den Feldern eines reichen Mannes stand eine gute Ernte. Da überlegte er hin und her: Was soll ich tun? Ich weiss nicht, wo ich meine Ernte unterbringen soll. Schliesslich sagte er: So will ich es machen: Ich werde meine Scheunen abreissen und grössere bauen; dort werde ich mein ganzes Getreide und meine Vorräte unterbringen. Dann kann ich zu mir selber sagen: Nun hast du einen grossen Vorrat, der für viele Jahre reicht. Ruh dich aus, iss und trink, und freu dich des Lebens! Da sprach Gott zu ihm: Du Narr! Noch in dieser Nacht wird man dein Leben von dir zurückfordern. Wem wird dann all das gehören, was du angehäuft hast? So geht es jedem, der nur für sich selbst Schätze sammelt, aber vor Gott nicht reich ist.» (Lk 12, 15-21)

Der Sein-orientierte Christ muss auch bereit sein, immaterielle Werte loszulassen. Davon sind besonders die sozialen Beziehungen betroffen.

«Wenn jemand zu mir kommt und nicht Vater und Mutter, Frau und Kinder, Brüder und Schwestern, ja sogar sein Leben gering achtet, dann kann er nicht mein Jünger sein. Wer nicht sein Kreuz trägt und mir nachfolgt, der kann nicht mein Jünger sein... Darum kann keiner von euch mein Jünger sein, wenn er nicht auf seinen ganzen Besitz verzichtet.» (Lk 14, 26-27, 33)

Der Ernst in der Nachfolge Christi ist gekennzeichnet durch Selbstüberwindung, Selbstablösung.

Die Schwierigkeit zahlreicher religiös Lebender besteht darin, die Tendenz zum Haben-Wollen noch nicht überwunden zu haben. Dies leben auch Repräsentanten von Glaubensinstitutionen vor. Ich sehe hierin den Ansatz, eine Glaubensgemeinschaft nicht an erster Stelle Kultgemeinschaft sein zu lassen, sondern Sein-orientierte Institution. Eine «Kirche der

Armen», die ich so sehr herbeisehne, muss damit beginnen, Ihre Repräsentanz durch Status erheblich zu beschneiden. Wer Christus ernsthaft nachfolgen will, muss sich entscheiden:

> «Niemand kann zwei Herren dienen; er wird entweder den einen hassen und den andern lieben, oder er wird zu dem einen halten und den andern verachten. Ihr könnt nicht beiden dienen, Gott und dem Mammon.» (Mt 6,24)

Weil dies schwer zu verwirklichen ist, haben viele Gläubige (mit «Gläubigem» meine ich den Haben-orientierten Christen, während ich den Sein-orientierten Christen als «Glaubenden» bezeichne) eine breite Palette von Abwehrmechanismen entwickelt, die ihnen die Rechtfertigung des eigenen Verhaltens ermöglicht. Je mehr Abwehrmechanismen wir jedoch in Gang setzen, desto mehr fixieren wir uns auf unser eigenes Ich. Von Loslösung und Neuorientierung kann keine Rede sein.

Wer Christus in Selbstüberwindung ernsthaft nachfolgen will, darf sich nicht zugleich um Werte bemühen, die dem eigenen Narzissmus huldigen. Nicht die Herrschenden, nicht die Mächtigen, nicht die Reichen – niemand also, der Haben-Werte anstrebt, folgt Christus wirklich nach. Dazu zählen auch Mitglieder der Kultgemeinschaft, die an der hierarchischen Spitze stehen. Doch die Beurteilung, ob sie wirklich Christus nachfolgen oder nicht, hat er uns selbst angeboten, indem er sagt:

> «An ihren Früchten werdet ihr sie erkennen. Erntet man etwa von Dornen Trauben oder von Disteln Feigen? Jeder gute Baum bringt gute Früchte hervor, ein schlechter Baum aber schlechte. Ein guter Baum kann keine schlechten Früchte hervorbringen und ein schlechter Baum keine guten. Jeder Baum, der keine guten Früchte hervorbringt, wird umgehauen und ins Feuer geworfen. An ihren Früchten also werdet ihr sie erkennen.» (Mt 7, 16-20)

Die Forderungen Jesu an den, der sein Angebot akzeptieren kann, sind radikal. Die Entscheidung für ihn ist bereits die Selbstuberwindung.

«Geht durch das enge Tor! Denn das Tor ist weit, das ins Verderben führt, und der Weg dahin ist breit, und viele gehen auf ihm. Aber das Tor, das zum Leben führt, ist eng, und der Weg dahin ist schmal, und nur wenige finden ihn.» (Mt 7, 13-14)

Die totale Loslösung aber von der Befriedigung eigener Bedürfnisse und die Reduzierung des Selbstwertes auf das elementare Sein drückt Jesus mit folgenden Worten aus:

«Als Jesus die vielen Menschen sah, die um ihn waren, befahl er, ans andere Ufer zu fahren. Da kam ein Schriftgelehrter zu ihm und sagte: Meister, ich will dir nachfolgen, wohin du auch gehst. Jesus antwortete ihm: Die Füchse haben ihre Höhlen und die Vögel ihre Nester; der Menschensohn aber hat keinen Ort, wo er sein Haupt hinlegen kann.» (Mt 8, 18-20)

Das Seinsverständnis des glaubenden Menschen ist geprägt von der elementaren Bereitschaft, sich bedingungslos von sich selbst zu lösen und den Weg zum Du anzutreten.

3. Über die Liebe

Mit der christlichen Lehre wird vor allem das Gebot der Nächstenliebe assoziiert. Das Gebot

«Du sollst deinen Nächsten lieben wie dich selbst» (Mt 22,39) ist jedoch ein Gebot der jüdischen Religion. Ein Pharisäer ist es ja auch, der Jesus prüft:
«Als die Phärisäer hörten, dass Jesus die Sadduzäer zum Schweigen gebracht hatte, kamen sie (bei ihm) zusammen. Einer von ihnen, ein Gesetzeslehrer, wollte ihn auf die Probe stellen und fragte ihn: Meister, welches Gebot im

> Gesetz ist das wichtigste? Er antwortete ihm: Du sollst den Herrn, deinen Gott, lieben mit ganzem Herzen, mit ganzer Seele und mit all deinen Gedanken. Das ist das wichtigste und erste Gebot. Ebenso wichtig ist das zweite: Du sollst deinen Nächsten lieben wie dich selbst. An diesen beiden Geboten hängt das ganze Gesetz samt den Propheten.» (Mt 22, 34-40)

Christus aber gibt eine generalisierende Aussage zum Thema Liebe und erweitert damit sein Anliegen:

> «Ein neues Gebot gebe ich euch: Liebt einander! Wie ich euch geliebt habe, so sollt auch ihr einander lieben. Daran werden alle erkennen, dass ihr meine Jünger seid: wenn ihr einander liebt.» (Joh 13, 34-35)

Er sagt diese Worte in seinen Abschiedsreden, die Johannes aufgezeichnet hat.

Ich definiere «Liebe» als den einzig echten Weg zur Selbstverwirklichung. Ein Mensch, der aus dem Sein lebt, liebt wirklich. Wer die Selbstüberwindung vollzogen hat, ist frei für den anderen. Erst das Freisein von uns selbst befähigt uns, den anderen zu lieben, aber es befähigt uns auch, uns lieben zu lassen. Die Du-zentrierte Grundhaltung der Liebe nimmt regen Anteil am Leben des anderen. Dies äussert sich im allgemeinen durch interessiertes Verhalten des Ichs dem Du gegenüber. Das Teilhaben am Leben des anderen vermittelt dem Du das Gefühl, angenommen, umsorgt – eben geliebt zu sein.

Die Selbstfindung des Sein-orientierten Christen gelingt im Lieben. Liebe erhält ihren Ausdruck im Handeln.

Eine ausgezeichnete Beschreibung, wie Liebe zu charakterisieren sei, gibt uns Paulus. Im 1. Korintherbrief schreibt er:

> «Wenn ich in den Sprachen der Menschen und Engel redete,
> hätte aber die Liebe nicht,
> wäre ich dröhnendes Erz oder eine lärmende Pauke.

Und wenn ich prophetisch reden könnte
und alle Geheimnisse wüsste
und alle Erkenntnis hätte;
wenn ich alle Glaubenskraft besässe
und Berge damit versetzen könnte,
hätte aber die Liebe nicht,
wäre ich nichts.
Und wenn ich meine ganze Habe verschenkte,
und wenn ich meinen Leib dem Feuer übergäbe,
hätte aber die Liebe nicht,
nützte es mir nichts.
Die Liebe ist langmütig,
die Liebe ist gütig.
Sie ereifert sich nicht,
sie prahlt nicht,
sie bläht sich nicht auf.
Sie handelt nicht ungehörig,
sucht nicht ihren Vorteil,
lässt sich nicht zum Zorn reizen,
trägt das Böse nicht nach.
Sie freut sich nicht über das Unrecht,
sondern freut sich an der Wahrheit.
Sie erträgt alles,
glaubt alles,
hofft alles,
hält allem stand.
Die Liebe hört niemals auf.
Prophetisches Reden hat ein Ende,
Zungenrede verstummt,
Erkenntnis vergeht.
Denn Stückwerk ist unser Erkennen,
Stückwerk unser prophetisches Reden;
wenn aber das Vollendete kommt,
vergeht alles Stückwerk.
Als ich ein Kind war,

redete ich wie ein Kind,
dachte wie ein Kind
und urteilte wie ein Kind.
Als ich ein Mann wurde,
legte ich ab, was Kind an mir war.
Jetzt schauen wir in einen Spiegel
und sehen nur rätselhafte Umrisse,
dann aber schauen wir von Angesicht zu Angesicht.
Jetzt erkenne ich unvollkommen,
dann aber werde ich durch und durch erkennen,
so wie ich auch durch und durch erkannt worden bin.
Für jetzt bleiben Glaube, Hoffnung, Liebe,
diese drei;
doch am grössten unter ihnen ist die Liebe.»

(1 Kor 13, 1-13)

Die handelnde Liebe wird zum lebendigen Zeichen der Seinserfahrung. Menschen, die Liebe üben, treten in das Leben des anderen ein, ohne ihn einzuengen. Ja, zwischenmenschliche Begegnungen werden durch die Liebe tiefer, echter, herzlicher. Liebe kann für den, der liebt, und für den, der geliebt wird, einen neuen Zugang zum Leben schaffen.

Die Liebe befreit den Menschen aus dem Käfig seiner Ängste. Darüber sagt der 1. Johannesbrief folgendes:

«Gott ist die Liebe, und wer in der Liebe bleibt, bleibt in Gott, und Gott bleibt in ihm. Darin ist unter uns die Liebe vollendet, dass wir am Tag des Gerichts Zuversicht haben. Denn wie er, so sind auch wir in dieser Welt. Furcht gibt es in der Liebe nicht, sondern die vollkommene Liebe vertreibt die Furcht. Denn die Furcht rechnet mit Strafe, und wer sich fürchtet, dessen Liebe ist nicht vollendet.» (1 Joh 4, 16b-18)

Liebe fördert die Interaktion. Ja, der neue Interaktionsstil, den Jesus fordert, befreit von der Angst, weil der Liebende auf das Du zugehen kann.

Hass dagegen tötet die zwischenmenschlichen Beziehungen. Noch einmal sei aus dem 1. Johannesbrief zitiert:

«Wundert euch nicht, meine Brüder, wenn die Welt euch hasst. Wir wissen, dass wir aus dem Tod in das Leben hinübergegangen sind, weil wir die Brüder lieben. Wer nicht liebt, bleibt im Tod. Jeder, der seinen Bruder hasst, ist ein Mörder, und ihr wisst: Kein Mörder hat ewiges Leben, das in ihm bleibt. Daran haben wir die Liebe erkannt, dass Er sein Leben für uns hingegeben hat. So müssen auch wir für die Brüder das Leben hingeben. Wenn jemand Vermögen hat und sein Herz vor dem Bruder verschliesst, den er in Not sieht, wie kann die Gottesliebe in ihm bleiben? Meine Kinder, wir wollen nicht mit Wort und Zunge lieben, sondern in Tat und Wahrheit.» (1 Joh 3, 13-18)

Wer hasst, fügt einem anderen Schaden zu. Er ist zu wirklicher Lebensfreude nicht fähig. So gibt es nicht nur einen physischen, sondern auch einen psychischen Mord. Denn: Wer seinen Bruder hasst, ist ein Mörder. Der Hass tötet einen Menschen. Wer nicht lieben kann, ist seelisch gestorben. Und dann sagt Johannes noch: ... «wir wollen nicht mit Wort und Zunge lieben, sondern in Tat und Wahrheit.» Über die Liebe zu reden, das bringt keine Handlungen. Der Sein-orientierte Christ stellt sein Christentum unter das Gebot der Liebe. Und das ist erkennbar an den Werken, die er vollbringt.

Aus einer Predigt habe ich noch folgende metaphorische Darstellung in Erinnerung: An einer langen Tafel sitzen Götter und Dämonen. Sie alle sitzen mit steifen, gestreckten Armen, und es ist keinem möglich, seinen Arm anzuwinkeln. Die Götter sitzen mit frohen Gesichtern am Tisch, während die Dämonen traurig schauen. Die Speisen werden gereicht. Die Dämonen bemühen sich, die Speise mit steifem Arm zum eigenen Mund zu führen und... müssen verhungern. Die Götter dagegen legen sich die Speisen gegenseitig in den Mund.

4. *Über das Gottesreich*

Jesus hat in Bildreden, in Gleichnisreden gesprochen. Häufig bildeten Aussagen über das Reich Gottes (bei Matthäus heisst es «Himmelreich») den Kern seiner Predigten. Das Gottesreich ist das Reich der Liebe. Es entsteht dort und existiert dort, wo das Gebot der Liebe gelebt und nach dem gehandelt wird. Damit scheidet die Erwartung eines drohenden, schicksalhaften Hereinbrechens des Gottesreiches wohl aus.

> «Als Jesus von den Pharisäern gefragt wurde, wann das Reich Gottes komme, antwortete er: Das Reich Gottes kommt nicht so, dass man es an äusseren Zeichen erkennen könnte. Man kann auch nicht sagen: Seht, hier ist es!, oder: Dort ist es! Denn: Das Reich Gottes ist (schon) mitten unter euch.» (Lk 17, 20-21)

Im Urvertrauen, das der glaubende Mensch in sich trägt, ruht der Keim für das Wachsen des Gottesreiches. Das Gottesreich wird also in jedem Menschen angelegt, der sich um das Handeln aus Liebe bemüht.

Das Bewusstsein, das Gottesreich in der eigenen Wesensmitte zu empfinden, lässt den Sein-orientierten Christen sein Leben neu ausrichten. So kennt das Gottesreich keine irdischen Sorgen.

> «Sammelt euch nicht Schätze hier auf der Erde, wo Motte und Wurm sie zerstören und wo Diebe einbrechen und sie stehlen, sondern sammelt euch Schätze im Himmel, wo weder Motte noch Wurm sie zerstören und keine Diebe einbrechen und sie stehlen. Denn wo dein Schatz ist, da ist auch dein Herz.» (Mt 6, 19-21)

Gottesreich, Himmel, Herz, Mitte der Persönlichkeit – ich betrachte diese Begriffe als identisch. Es sind «Orte», an denen die zweite Wirklichkeit spürbar, nachvollziehbar wird. Mit dem Wachsen der Persönlichkeit des Menschen wird auch die Verwirklichung des Gottesreiches in ihm selbst geschehen. So deutet es das Gleichnis vom «Senfkorn» an:

> «Er erzählte ihnen ein weiteres Gleichnis und sagte: Mit dem Himmelreich ist es wie mit einem Senfkorn, das ein Mann auf seinen Acker säte. Es ist das kleinste von allen Samenkörnern; sobald es aber hochgewachsen ist, ist es grösser als die anderen Gewächse und wird zu einem Baum, so dass die Vögel des Himmels kommen und in seinen Zweigen nisten.» (Mt 13, 13-32)

Das Reich Gottes ist aber auch noch der Ort der Selbstverwirklichung im Sinne der Selbstüberwindung und des Loslassens.

> «Da sah Jesus seine Jünger an und sagte zu ihnen: Wie schwer ist es für Menschen, die viel besitzen, in das Reich Gottes zu kommen! Die Jünger waren über seine Worte bestürzt. Jesus aber sagte noch einmal zu ihnen: Meine Kinder, wie schwer ist es, in das Reich Gottes zu kommen! Eher geht ein Kamel durch ein Nadelöhr, als dass ein Reicher in das Reich Gottes gelangt.» (Mk 10, 23-25)

Es ist wohl kaum anzunehmen, dass ein Mensch, der sein Handeln auf das Haben ausrichtet, in seiner Seinsfindung auf Selbstlosigkeit stösst. Jesus bleibt in seiner Aussage eindeutig. Das Reich Gottes entsteht nicht in und bei Menschen, die nicht bereit sind, ihre materiellen Bindungen aufzugeben. Hier gelten meine Überlegungen, die ich bereits im Zusammenhang mit dem Verzichten formuliert habe.

Dagegen wird das Reich Gottes von jenen erlebt, die in Natürlichkeit und Unbekümmertheit ihr Leben annehmen können. So sagt Jesus:

> «Jesus aber rief die Kinder zu sich und sagte: Lasst die Kinder zu mir kommen; hindert sie nicht daran! Denn Menschen wie ihnen gehört das Reich Gottes. Amen, das

sage ich euch: Wer das Reich Gottes nicht so annimmt, wie ein Kind, der wird nicht hineinkommen.» (Lk 18, 16-17)

Jesus drückt damit aber auch aus, dass das Reich Gottes eine Angelegenheit des Herzens und nicht des Kopfes ist. Denn Kinder leben und handeln emotional.

Das Reich Gottes ist ein Ausdruck des Seins und nicht des Habens. Es ist die Umgestaltung und Neuorientierung des menschlichen Lebens durch Handeln, das aus Liebe geboren ist.

Kapitel VI

Die Psychosomatische Basistherapie

1. Die Entstehung
2. Der theoretische Hintergrund
3. Die praktische Ausführung

1. Die Entstehung

Die Psychosomatische Basistherapie ist entstanden aus der Erfahrung des Schweizer Psychiaters Professor Balthasar Staehelin im therapeutischen Umgang mit seinen Patienten. Diese Therapieform strebt nach seelischem und körperlichem Urvertrauen, nach Lebenssinn und neuem Daseinsverständnis. Staehelin hat in seinen Büchern «Der finale Mensch» (Theologischer Verlag, Zürich 1976) und «Der psychosomatische Christus» (Novalis Verlag, Schaffhausen 1980) die Grundstrukturen der Basistherapie dargelegt. Staehelin hält seit mehreren Jahren regelmässig öffentliche Kurse über diese christliche Therapie ab.

Die Psychosomatische Basistherapie hat sich bereits bei vielen Kranken und Gesunden bewährt. Zudem hat Staehelin damit eine Therapieform gefunden, die kostenlos angeboten und durchgeführt wird. Körperliche und psychische Heilung ist nicht an finanzielle Bedingungen geknüpft.

Für Balthasar Staehelin bedeutet die Psychosomatische Basistherapie eine natürliche, zweckmässige Konsequenz aus seinen wissenschaftlich-theoretischen und therapeutisch-praktischen Bemühungen um das Verstehen und Behandeln des häufigsten Syndroms der gesamten Medizin und Psychiatrie: des psychovegetativen Syndroms – so wird es offiziell von der Weltgesundheitsorganisation WHO bezeichnet.

Staehelin sagt zur Entstehung und Hinführung auf die Psychosomatische Basistherapie folgendes: «In unserer mehr nur noch materialistisch ausgerichteten Welt, die vorwiegend dem Vergänglichen, Sichtbaren, psychologisch Verstehbaren, allem Messbaren und im voraus Berechenbaren zugewandt ist – ich habe das unter dem Begriff der 'ersten Wirklichkeit' zusammengefasst –, erfährt der heutige Mensch einen wachsenden Verlust an innerer Geborgenheit. Dieses Abnehmen des Gefühls inneren und äusseren Beschütztseins, von innerem und äusserem Halt, Sinn, Vertrauen führt zu dem beschriebenen Bild der psychosomatischen Depression. Es wird hier nicht mehr lediglich ein individuell medizinisches und medizinpsychologisches Problem beschrieben, sondern auf die allgemein krankmachende, halt- und sinnzerstörende Art unserer spezifisch materialistischen Zeitepoche aufmerksam gemacht: auf ein allgemeinmenschliches, uns alle angehendes, alarmierendes Zeitproblem. Von der politischen, ethischen, kulturellen, gesellschaftsstrukturierten, sittlichkeitsgefestigten, familientradierten Absicherung und in der Ordnung Gottes gesuchten religiösen Verankerung der Menschen vergangener Jahrhunderte ist heute wenig übriggeblieben – nicht zuletzt als Folge der Massenmedien. Dafür sehen wir nun ein zunehmendes Mass an Leere, Angst, Geborgenheitsverlust, Vertrauensmangel. Der Mensch unserer Zeit hat die für Urvertrauen, Lebenssinn, inneren Halt, für die Gewissheit des Beschützt-, Geliebt- und Geborgenseins so notwendige Verwurzelung in einem 'spirituellen Pneumatischen', im Unvergänglichen, Transzendenten, Unsichtbaren – in der 'zweiten Wirklichkeit' – weitgehend verloren. Das Vernehmen der Anwesenheit von Gottes Geist in und um jeden von uns und der unerschütterliche Glaube daran, die Liebe zu Gott – das ist vielen fremd und unverständlich geworden. Und gerade dies halte ich persönlich für das Grundübel unseres ausgehenden zwanzigsten Jahrhunderts. Hier hätte meines Erachtens die Kausaltherapie anzusetzen.»

Bei dieser Kausaltherapie steht das Urvertrauen im Mittelpunkt der Bemühungen. Der Verlust des göttlichen Geistes oder das Verstelltsein des Menschen gegenüber dem Geist Gottes – das betrachtet Staehelin letztlich als Ursache für das angsterfüllte und entwurzelte Dasein des Menschen. So hat Staehelin sich seit vielen Jahren bemüht, eine Therapieform zu entwickeln, die dem enthoffneten Menschen der Gegenwart eine Hilfe anbietet. Besonders hilfreich ist dabei, dass diese Therapieform selbständig von jedermann ausgeführt, geübt werden kann.

Staehelin geht von dem Postulat aus: «Der angsterzeugende, krankmachende Bruch zwischen Mensch und Gott muss aufgehoben werden.» Aus dieser Grundüberzeugung ist die Psychosomatische Basistherapie entstanden. Sie setzt sich zur Aufgabe, die von Gott wegführende Denkweise umzuwandeln in einen unvergänglichen Geist, der in Gott ruht.

Christi Geist hat sich *in jedem Menschen* offenbart. Dies hat die christliche Verkündigung seit fast zweitausend Jahren in den Mittelpunkt ihrer Lehre gestellt. Doch der Mensch der Gegenwart hat dieses göttliche Angebot nicht angenommen. «Das Kernstück der Spiritualität... ist diese Glaubens- und Erfahrungswirklichkeit, diese absolute Offenbarungswahrheit, dass aus dem Vater immerwährend der Geist Gottes mit seinem Willen, seiner Liebe und seinen Eigenschaften ausfliesst und im Menschen – diesem meist nicht, selten halb oder ganz bewusst – den Geist Christi gebiert.»

Gott bietet das Urvertrauen an. Es ist in die Sinnfindung des menschlichen Lebens hineingelegt, das Urvertrauen in der je eigenen biographischen Wirklichkeit zu entdecken.

- Somit ist Angstbewältigung auch jener Prozess, in dem es dem Menschen gelingt, sein Urvertrauen in das Handeln des Alltags einfliessen zu lassen.

Das Wirken Gottes in Körper und Seele des einzelnen zuzulassen, dies bedeutet für das Individuum persönliche Reifung.

Darin liegt auch nach meiner Überzeugung die Chance, die Möglichkeit – durch das immerwährende Liebeswirken Gottes zur Angstfreiheit zu gelangen.

«Die göttliche, Heil und Lebenssinn versprechende christliche – paulinische und johanneische – Prädestinationslehre, die dem Menschen die Fähigkeit zur Übernahme des göttlichen Willens zuspricht, gilt für alle, *für jeden Menschen von heute,* sei er gesund oder krank, gläubig oder nicht, mehr oder weniger sündig, mit starkem oder ungenügendem Urvertrauen versehen. Die Herrlichkeit des dreifaltigen Wirkens, der Geist Christi, diese zweite Wirklichkeit ist in und um jeden von uns. Urvertrauen, Urglaube, Urerfahrung des Menschen, seine marianische Seelenbereitschaft, die Geborgenheit, Gewissheit und Gelassenheit, die uns das Wissen um die liebende Ewigkeit Gottes in uns verleiht; das sind die entscheidenden Erscheinungsformen dieses Geschehens in Psyche und Soma.»

Die Psychosomatische Basistherapie tritt allem Rationalen entgegen, das durch intellektuelle Analysen und Erklärungen versucht, die Glaubensfähigkeit des einzelnen zu schmälern. Sie möchte vielmehr Empfindungen wecken, die Verwurzelung des Menschen im göttlichen Geschehen emotional erfahrbar werden lassen. Die Basistherapie will die Glaubensfähigkeit, das Glaubenkönnen des Übenden täglich verstärken.

So gelingt es, auf dem Wege der Beschauung, des Betens, des Sich-Öffnens, der Anbetung und der Bewegung allmählich – nach täglichem, unermüdlichem Üben – das eigene Urvertrauen zu erfahren, ja, das Göttliche in uns zu erleben.

«Allein das christlich *Bewährte,* die Offenbarung der Heiligen Schrift, soll wieder moderne, auch wissenschaftliche Heilungs- und Heilslehre werden. Den Willen und Geist Gottes suchen, seinen göttlichen Liebeswillen – wie auch immer er beschaffen sei – annehmen, sich damit beschenken lassen und so gut als möglich in seinem Sinne handeln – das ist, was das Abendland heute am nötigsten braucht.»

Staehelin legt grossen Wert darauf, dass sich die Basistherapie mit aller Entschiedenheit gegen alle Formen von Atheismus und Gnosis wendet. «... gegen östliche, pantheistische, neugnostische, esoterische Meditationsformen, gegen Reinkarnationslehren, Jugendsekten, Selbsterlösungstendenzen und andere modische Pseudoreligionen, aber auch grundsätzlich gegen die Überheblichkeit aller sogenannten 'Bewusstseinserweiterungs'-Lehren.»

3. Die praktische Ausführung

Die Psychosomatische Basistherapie besteht grundsätzlich aus vier Teilen:

a) die informative Befragung –
b) die körperliche und seelische Bewegung –
c) die Öffnung zur Beschauung und Beschenkung –
d) die immerwährende Anbetung.

Bevor ich auf diese vier Teile im einzelnen eingehe, gebe ich erst den Bericht wieder, den Balthasar Staehelin über sein eigenes Übungsprogramm veröffentlicht hat. Er schreibt:

«I. Jede Nacht vor dem Einschlafen informiere ich mich während etwa 45 Minuten über die göttliche Offenbarung. Dazu dienen mir unter anderem die Heilige Schrift, das katholische Messbuch (der sogenannte 'Sonntags-Schott'), das evangelische Losungsbuch, die 'Kleine Philokalie' der orthodoxen Kirche, das siebenbändige Werk 'Die Verkündigung des Reiches Gottes in der Kirche Jesu Christi' meines Vaters, des evangelischen Kirchenhistorikers Ernst Staehelin aus Basel.

II. Jeden Morgen, gleich nach dem Erwachen, mache ich einen 'Jogging'-Langlauf oder trete ein auf Rollen aufgebocktes Rennrad; dies wieder während einer Dreiviertelstunde. Auch einfaches Hin- und Hergehen ist für diese Übung geeignet. Ich verbinde den Rhythmus meiner Körperbewegungen, des Herzschlags oder der Atmung mit dem inneren rhythmischen Sprechen eines einfachen Gebets, das mich öffnen, liebend hingeben, innerlich reinigen und anbetend stimmen soll. Ich sammle mich damit und konzentriere mich auf die Anwesenheit von Christi Geist und seine ewige Gegenwart. Ein solches Stoss- und Herzensgebet ist zum Beispiel: 'Mein Christus in mir – heile uns mit deiner Liebe', oder: 'Vater, Geist, Maria, Christus – vereinige uns mit deinem Brot'.

III. Nach diesem körperlichen und seelischen inneren Beten auf den Geist Christi in mir hin lege ich mich (wieder während 45 Minuten) hin, um in möglichst grosser körperlicher und seelischer Ruhe, Einsamkeit und Inaktivität die Anwesenheit Gottes in mir 'zu beschauen' und mich durch sie beschenken zu lassen –; das geschieht wortlos, bildlos, ohne jedes Hilfsmittel. Dieses 'Beschauen' ist aber nicht etwa ein 'Sehen' in Bildern, sondern ein klar und wachsam erlebtes Staunen, Glauben, Hingegebensein, Lieben und Betrachten der Reinheit und Herrlichkeit Christi (vor 'Schauungen', die meist unkritischen, übersteigerten Einbildungen entspringen, heisst es sich in acht nehmen!).

IV. Für die ganze Zeit und jede Tätigkeit des nun beginnenden Tagwerks nehme ich mir vor, so gut als möglich immerwährend in meinem Innern auch mit dem in und um mich anwesenden Gott in Beziehung zu bleiben; so zum Beispiel symbolisch siebentausendmal ein Herzensgespräch mit ihm zu führen, ein Gebet zu ihm zu sprechen: 'Mein Christus in mir – beschenke uns mit deinem Leib, deinem Blut, deinem Abendmahl'.

Wichtig ist folgendes: Obwohl diese vier Teile der Basistherapie gesondert angestrebt werden, gehen ihre Inhalte unentwegt und oft untrennbar ineinander über. Auch möchte ich wiederholen: Jeder Übende soll, *ja muss* die Basistherapie individuell gestalten und seinem eigenen Wesen anpassen.»

Soweit Staehelins persönlicher Bericht.

Die vier Teile der Psychosomatischen Basistherapie helfen dem Übenden, zu seiner Wesensmitte zu gelangen. Das Grundgefühl, Christus in die eigene Persönlichkeit internalisiert zu haben, beschreibt Paulus im Brief an die Galater:

«Ich aber bin durch das Gesetz dem Gesetz gestorben, damit ich für Gott lebe. Ich bin mit Christus gekreuzigt worden; *nicht mehr ich lebe, sondern Christus lebt in mir.* Soweit ich aber jetzt noch in dieser Welt lebe, lebe ich im Glauben an den Sohn Gottes, der mich geliebt und sich für mich hingegeben hat.» (Gal 2, 19-20)

Wer die Anwesenheit des Göttlichen in seiner eigenen Persönlichkeit spürt, wächst und reift in seinem Selbstwertgefühl in besonderer Weise heran.

Darauf sind die vier Teile der Psychosomatischen Basistherapie ausgerichtet.

Zu a): Der erste Teil, die informative Befragung, bezieht sich auf die erste Wirklichkeit. Der Mensch betrachtet sich hier als vergänglich in seiner biographischen Existenz. Dieses Nachdenken über sich selbst ähnelt einer «Gewissenserforschung», die in selbstkritischer und selbstanalytischer Weise durchgeführt wird. Es ist auch eine Reinigung der Gedanken damit verbunden, um blockierende, durch Zweifel belastete Intentionen in der Wesensstimmung aufzulösen.

Der Übende soll im ersten Teil für Gottes Einwirkung geöffnet werden. Dies gelingt am ehesten durch entsprechende Lektüre. Ich empfehle neben der Heiligen Schrift besinnliche Literatur, die zum Nachdenken über das eigene Sein anregt. Der Übende begibt sich ja mit der Basistherapie auf einen Weg, der ihn zur Seins- und Selbstfindung führt.

Zu b): Der zweite Teil, die körperliche und seelische Bewegung, bezieht sich auf die zweite Wirklichkeit. Es geht hier um die innere Öffnung des Menschen, um die Belebung seiner tiefen Seelenbereitschaft. Das Aufbereitet-Sein für Gottes Geist und Wirken verstärkt die emotionale Schwingung im Menschen und verbessert seine Grundstimmung.

Diese lässt sich etwa umschreiben mit den Worten «Staunen, Ergriffenwerden, Erschaudern, Empfangen, von Harmonie durchströmt zu sein».

Es begünstigt die Erlebnisfähigkeit des einzelnen, wenn in dieses Beten die Bewegung des Körpers einfliesst. Dazu ist jedes Geh- und Gymnastiktraining geeignet, aber auch Sportarten, die einen rhythmischen Bewegungsablauf bieten, sind zu empfehlen. Allerdings sei auch gesagt: Diese Körperbewegung ist ganz und gar nicht mit einem Leistungsgedanken oder Leistungsanspruch in Verbindung zu bringen. Ich rate Ihnen auch, jegliche rationalen Spekulationen und erfolgskontrollierenden Tendenzen zu eliminieren, ja erst gar nicht in ihr Bewusstsein aufzunehmen. Ich sage dies vor allem jenen Personen (ich lerne sie in meinen Seminaren fast wöchentlich kennen), die, in der Finalität ihres Denkens und Tuns gefangen, nur allzu schnell ihre Massstäbe nach Sinn und Unsinn bestimmten Handelns errichten.

Über den Erfolg dieses Übens entscheidet unsere Geduld. Die körperliche Bewegung soll ausgewogen, ruhig, rhythmisch und harmonisch verlaufen. Das Wandeln der Mönche im Kreuzgang des Klosters lebt ja diese körperliche Bewegung vor.

Nach einigen Wochen täglichen Übens wachsen Gefühle der Freude, der Gelöstheit, liebender Verbindlichkeit, tiefer Ausgewogenheit heran. Die Grundstimmung ändert sich, und im Lebensgefühl des einzelnen breitet sich Urvertrauen aus. Dies strahlt auch auf andere aus. Das Menschen-, Welt- und Selbstbildnis wandelt sich.

Das seelische Geöffnet-Werden ist der Beginn des Durchbruchs zum eigenen Ich. Die Harmonie zwischen Körper- und Seelenbewegung breitet sich im gesamten Lebensgefühl des Übenden aus. Wenn der Übende zur rhythmischen Körperbewegung ein kurzes Herzensgebet spricht, steigert sich die Erfülltheit seines Wesens zu tiefer Freude. Ein solches kurzes Herzensgebet soll inhaltlich die augenblickliche Lebenssituation des Übenden berücksichtigen. Es eignen sich dazu Zitate aus der Heiligen Schrift ebenso wie selbst entworfene Wendungen, die das individuelle Gefühl wiedergeben.

Beispiele:

«Ich bin der Weg, die Wahrheit, das Leben.»
«Herr, heile mich mit deiner Liebe.»
«Herr, der Du mich trägst.»
«Ich in Dir und Du in mir.»
«Christus in mir, ich vertraue Dir.»
«Mein Leben mit Dir ist ohne Angst.»

Es möge jeder die für sich selbst geeignete Wortfolge entwerfen und rhythmisch sprechen.

Ich will aber auch die Warnung zitieren, die Balthasar Staehelin mit dem zweiten Teil der Basistherapie verbindet:

«Wesentlich scheint mir auch für diesen zweiten Teil unserer Basistherapie, dass niemand mehr oder anderes suchen, finden, erleben, glauben, erfahren, schauen will, als der klaren Offenbarung der Heiligen Schrift entspricht. Andernfalls würde er wohl unausweichlich auf Wege geraten, die in so unerwünschte Richtungen führen wie Selbsttäuschung, Pseudo-Schauung, Überheblichkeit, Pseudovisionäres, Wunscherleben, Eigenwillen, Eigenliebe, Unechtheit, Einbildungsvisionen, imaginierte Gedankenkonstruktionen, Scheinwahrheiten verselbständigter Phantasie- und Geistwelten, Selbstüberschätzung, Übersinnliches, Okkultismus, Spiritismus, Gnosis, Reinkarnationsglauben und andere Irrwege. In solchen Fällen ist dann kaum mehr auszumachen, wo die Grenze zwischen Kritiklosigkeit, vernachlässigter Wachsamkeit und Eigenwunsch einerseits und den Einwirkungen des Fürsten dieser Welt, des Widersachers anderseits verläuft. Hier sind also *genaue Unterscheidung der Geister,* wachsame Befragung, möglichst herbe, nüchterne Demut Gottes Wahrheit gegenüber streng zu beachten.»

Zu c): Im dritten Teil der Psychosomatischen Basistherapie begegnet uns das Erlebnis der geöffneten, hingegebenen Beschauung. Staehelin bringt das in Verbindung mit dem Terminus «die dritte Wirklichkeit». Er versteht darunter: «Die Anwesenheit des immer unergründlichen und unerkennbaren innersten Gottesgeheimnisses» im Menschen.

Der dritte Teil der Basistherapie ist deshalb wesentlich gekennzeichnet von einer empfangenden, anbetenden, in sich ruhenden Haltung des Menschen. Dabei verharrt der Übende in möglichst vollständiger körperlicher und seelischer Entspannung. Diese Inaktivität ist umgeben von Stille, Schweigen, Alleinsein, einsamer Ich-Findung. Es ist gleichsam ein Lauschen, ein Hineinhören in die eigene Wesenstiefe, in der der Mensch die Anwesenheit Gottes in seinem eigenen Inneren und um ihn herum erahnt.

- Wer das Gefühl des Hingegebenseins erlebt, verliert allmählich die Angst vor den unerwarteten Phänomenen des Lebens.

Jeder soll diese Phase der Inaktivität in körperlich individueller, angemessener Haltung verbringen. Das kann also liegend, kniend, sitzend oder stehend geschehen. Weder über Christus noch über die Apostel berichtet das Neue Testament im Hinblick auf eine bestimmte, häufig geübte Gebets- und Begegnungshaltung mit dem Göttlichen. Am besten ist wohl für den einzelnen jene Haltung, in der er ein tiefes Wohlgefühl empfindet.

Im Laufe der Zeit vernimmt der täglich Übende während der Phase der inneren Öffnung den persönlichen Anruf Gottes. Dieser äussert sich vor allem in Urvertrauen und Urglauben. Bei manchen Menschen entwickelt sich das früher zugeschüttete Antriebsgeschehen neu und zeigt sich in lebensbejahender Neuorientierung. Schliesslich will ja die Psychosomatische Basistherapie zu einer lebens- und weltzugewandten Grundhaltung beitragen! Und darin behält sie vor allem ihren Realitätscharakter. Es geht der Basistherapie nicht darum, im Übenden eine irreale Seinsvergessenheit, eine mystische Verklärtheit und ein elitär-visionäres Charisma zu wecken.

Vielmehr strebt sie an: «Die Beharrlichkeit und Ausdauer, mit der trotz allen Scheiterns unter dem eigentlichen, treu auf sich genommenen Kreuz täglich von neuem versucht wird, für Gott im eigenen Dasein zu wirken, unter Hintanstellung seiner selbst zugunsten anderer. Es geht hier also auch nicht um Selbstverwirklichung, sondern um *Christusverwirklichung*, denn sie allein entspricht der menschlichen Natur.»

Aktives Leben ist die Darstellung Christi in der je eigenen biographischen Welt. So erhält die Identifikation des Menschen mit seinem eigenen Ich einen weiteren Aspekt: Weil ich von der Gewissheit erfüllt bin, dass Christi Geist in mir lebt, handelt, bejaht, gestaltet, antreibt, öffnet, umarmt, verzeiht, liebt, trete ich dem Leben mit neuen Impulsen entgegen. Staehelin nennt diese Gewissheit das «Christusbewusstsein». Dazu führt er aus: «Ich verstehe darunter das Wissen darum, dass man für alle Ewigkeit in den Leib Christi hineingenommen ist und daher mit der 'Gemeinschaft der Heiligen' (der Glaubenden), mit jedem Menschen, der je auf Erden war, ist und sein wird, immerfort liebend und bewusst vereinigt bleibt. Auf diese Weise kommuniziert der Geist Gottes immerwährend mit der Seele; manchmal wird das spürbar als Heiterkeit, Leichtigkeit, Seligkeit, besondere Arbeitslust, als konkretes Wissen erlebt. Dann wieder wird es kaum oder gar nicht gefühlt, gar als abwesend empfunden oder als Trockenheit, Blindheit, Dunkelheit erfahren. Es ist ein Bewusstsein in Christus – ein 'inchristoniertes Bewusstsein'. Wer die Psychosomatische Basistherapie durchführt, bemüht sich, Christus im eigenen Innern immer ähnlicher zu werden. Alles im eigenen Alltag, Leben und Erleben – Freuden und Sorgen, Mühen und Krankheiten, jede mitmenschliche Begegnung (auch die zwischen Arzt und Patient) – soll unter die Autorität, die Liebe, den Willen, die Eigenschaften, das Licht des dreieinen Gottes gestellt, *inchristoniert* werden.»

Zu d): Der vierte Teil der Psychosomatischen Basistherapie schliesslich spricht über die «immerwährende Anbetung».

Damit ist die ständige Gottbezogenheit im Denken und Handeln des Alltags gemeint. Wer viele Monate und Jahre in ständiger Übung der Basistherapie verbracht hat, spürt eine wachsende Sehnsucht danach, in möglichst ununterbrochenem Kontakt zu Gott, zum Gebetsleben zu stehen. Aus diesem Bedürfnis heraus drängt es den Menschen, auch im Alltag in einer tiefen, glaubenden Herzensbeziehung zu leben. Die immerwährende Anbetung äussert sich konkret in einem häufigen Beten während des Tages, wann immer die Verrichtung einer Aufgabe es zulässt. Dieses «Beten ohne Unterlass», das «Wachen und Beten» legt uns Christus im Neuen Testament an einigen Stellen nahe.

Die immerwährende Anbetung führt letztlich zu einem neuen Interaktionsstil des Menschen, zur Änderung seines kommunikativen Verhaltens. Damit aber trägt sie entscheidend zur Angstbewältigung des Menschen der Gegenwart bei.

Ich beende dieses Kapitel mit einem Appell, den Staehelin seinen Erläuterungen zur Psychosomatischen Basistherapie beigefügt hat: «Wenn diese Wahrheit von Christi Fleisch und Geist in der Natur jedes Menschen endlich von Naturwissenschaft, Geisteswissenschaft, Medizin in Europa und in der übrigen westlichen Welt begriffen würde, wäre die Menschheit gerettet! Eine neue, wahrhaft humane Gesellschaft, eine erneuerte Kirche, eine auf Glauben und Liebe basierende Wissenschaft wären die Folge; Atheismus, Agnostizismus und Kommunismus würden verschwinden, Gnosis und Neugnosis weggewischt. Wir hätten endlich eine des Menschen würdige Erde unter dem Schirm der allgemein offenbar gewordenen Verkündigung von Gottes Reich in den vereinigten Kirchen Jesu Christi.»

Kapitel VII

Der kontemplative Weg

1. Selbstfindung
2. Gefäss werden
3. Gelassenheit und Geduld

1. Selbstfindung

Seine eigenen Ängste annehmen, mit ihnen umgehen zu können – das ist bereits ein grosser Schritt zur Angstbewältigung hin. Auf die Dauer jedoch gelingt es ohne persönliche Aktivitäten nicht, die negativen Gefühle – ich spreche hier immer von Depressionen und elementaren Angstgefühlen – zu lenken, gar zu beseitigen.

Ich habe Ihnen in der Psychosomatischen Basistherapie nach Balthasar Staehelin bereits einen möglichen Weg dargestellt, der körperliche und seelische Ausgewogenheit bringen kann. Ich halte es vor allem für dringend notwendig, in der täglichen Beschäftigung mit sich selbst eine positive Beziehung zum eigenen Ich aufzubauen.

Meine feste Überzeugung ist es, dass Angstbewältigung letztlich nur über die Wiedererlangung des Urvertrauens möglich ist. Dazu stehen gewiss in Ansätzen psychotherapeutische Hilfen bereit. Ein Arzt, ein Psychotherapeut jedoch, der selbst keine religiösen Wurzeln in sich trägt, wird einem Menschen nur schwerlich den Weg zum Urvertrauen ebnen können. So muss die Wirkung herkömmlicher therapeutischer Methoden begrenzt bleiben, weil sie das Menschenbild ganz in naturwissenschaftlichen Mustern angesiedelt hat.

- Wer sein Lebenskonzept, seine Lebensgestaltung auf eine rationale Basis gestellt hat, bestimmt sich selbst weitgehend nach Verstandeskriterien. Diese aber erschweren den Zugang zur eigenen Wesensmitte erheblich.

Die Selbstfindung – darunter verstehe ich den Weg zur eigenen Identität – gelingt nur bedingt. Ein Mensch, der «zur Mitte seiner Persönlichkeit» gelangen will, muss bereit sein, sich von seinen Gefühlen her zu erfassen, zu verstehen lernen.

Die Angstbewältigung ist aber ein elementarer Weg der Selbstbeschäftigung, also des Vordringens zur eigenen Seinsproblematik. Dieses Vordringen im Sinne der Selbstfindung ermöglicht der kontemplative Weg in besonderer Weise. Unter «Kontemplation» verstehe ich das Beschauen, das Betrachten der eigenen Persönlichkeit in ihrer Beziehung zum Göttlichen. Weil auch ich der Auffassung bin, dass eine gestörte Beziehung zu Gott körperlich und seelisch krank macht, widme ich den Bemühungen, zu tiefer Gotteserfahrung zu gelangen, grosse Aufmerksamkeit.

Die Kontemplation setzt die Bereitschaft voraus, mit sich selbst allein sein zu wollen. Wer sich auf seine eigene Daseinsproblematik besinnen will, kommt an der Konfrontation mit sich selbst nicht vorbei. Ich kenne zahlreiche Menschen, die seit vielen Jahren in einer gestörten Realitätsbeziehung leben. Diese Störung äussert sich zum Beispiel dadurch, dass diese Menschen in einer übersteigerten Aktivität leben. Mit den feinsten intellektuellen Abwehrtechniken haben sie es bisher verstanden, vor sich selbst und vor anderen dieses überaktive Leben zu rechtfertigen. Solche raffinierten Abwehrmechanismen tragen dann häufiger ein durchaus ethisches Ansehen. So erklären die einen ihre Betriebsamkeit mit besonderem Fleiss, mit Engagement und hoher Identifikation; die anderen betonen ihre fachliche Unentbehrlichkeit, ihr Prestige und ihre Opferbereitschaft. Nur eines erkennen jene Personen nicht: Sie leben in einer Lebenslüge, in einem angsterfüllten Selbstbetrug.

- Übersteigerte Aktivität ist oft ein Zeichen für Flucht vor sich selbst oder für Kompensation von Mindergefühlen.

Wer nicht mit sich selbst allein sein kann, findet nicht die tiefere Beziehung zu sich selbst. Und wer sein Alleinsein als Belastung, als Vereinsamung, als Verlassensein empfindet, dessen Selbstwertgefühl zeigt starke Risse.

Der kontemplative Weg als psychisches Handeln zur Angstbewältigung betrachtet das Alleinsein als notwendige Voraussetzung, um mit sich selbst identisch zu werden. Gewiss, das Alleinsein kann zugleich auch zum stärksten Angsterlebnis werden.

Im Alleinsein lernt sich der Mensch zu ertragen; erst in der körperlichen und räumlichen Distanz zu anderen kann das Ich sich seines Selbstwertes tiefer bewusst werden. Ich zweifle nicht daran, dass ein Mensch auch in der Gegenwart anderer allein sein kann, ich meine hier aber ausdrücklich die bewusst, gesuchte und gewollte Absenz.

Alleinsein ohne Leidensdruck bildet die Voraussetzung für Selbstfindung. Eng damit verbunden ist das Erlebnis der Stille. Vor einiger Zeit fand ich einen Spruch, der lautet: «Die Stille macht uns fähig, die Sprache der Dinge zu vernehmen.» Ich habe diesen Satz mit zum Leitmotiv meiner Kontemplationsseminare gewählt. Wahrscheinlich wird es keine totale Stille in unserer geräuschvollen Arbeitswelt geben. Aber zu bestimmten Tageszeiten und in bestimmten Zimmern einer Wohnung, eines Hauses herrscht auch äusserlich Lautlosigkeit, so dass die innere Stille sich allmählich ausbreiten kann.

Alleinsein und Stille mögen ohne Schuldgefühle erlebt werden. Der heutige Mensch ist in ein Leistungsnetz eingespannt, in dem er mehr zappelt, als sich frei bewegen zu können. Eine solche Gefangenschaft lässt ihm kaum Zeit, über sich selbst und seine Befindlichkeit tiefer zu reflektieren. Ja, viele Menschen lehnen ab, was sie in ihrem rationalen Lebensgebäude nicht mit Leistung, Zielsetzung und Karrierestreben vereinbaren können. So schält sich im Laufe der Jahre eine Lebenshaltung heraus, die das eigene Tun ganz von der Zielgerichtetheit und der Sinnbestimmung her betrachtet. Raum und Zeit bleiben damit nur die vordergründigen Dimensionen der ersten, biographischen Wirklichkeit. Wer so lebt, misst sein Seinsverständnis vorwiegend an der rational-analytischen Skala ab. So bleibt der Mensch vor sich selbst und für andere überprüfbar, kontrollierbar. Aus dieser Grundhaltung jedoch müssen Schuldgefühle erwachsen, sobald sich der Mensch in Situationen begibt, in denen er sein Tun nicht nach den gewohnten Massstäben bewerten kann. Dies trifft zum Beispiel auf das Alleinsein und die Stille als elementare Kriterien zur Selbstfindung zu.

Auf dem kontemplativen Weg, im kontemplativen Leben geht der Mensch ohne Schuldgefühl einher. Er erfasst sich in seiner Ganzheit als Individuum mit Leib *und* Seele, nicht jedoch nur als Wesen mit Kopf und Verstand. Der Mensch der Gegenwart entwickelt sich psychisch weiter, wenn er zu der Erkenntnis gelangt ist, dass auch Alleinsein und Stille Mosaiksteine seines Lebensbildes darstellen. Wer zu sich selbst im Sinne eines tiefer reflektierenden Seinsverständnisses finden will, benötigt häufig Phasen der Stille, um auf den «Grund des Sees» seiner Seele schauen zu können.

2. *Gefäss werden*

Wenn die ersten Bedingungen erfüllt sind, wenn der Mensch fähig geworden ist, allein und innerlich still zu sein, kann er beginnen, den Wert seines Leibes, seines körperlichen Ichs zu erfahren. Ich kleide diesen Erlebnisvorgang in die Worte «Gefäss werden». Damit meine ich, sich seiner elementaren körperlichen Wesenheit, seines Ich-bin hier, ich existiere – bewusst zu werden. Eine Beziehung zum Göttlichen kann nur über den eigenen Leib aufgebaut werden.

- Der erste und wichtigste Ort der Gotteserfahrung ist der eigene Leib.

Wer sich als Haben-orientierter Christ ganz in die Abhängigkeit der kultischen Gemeinschaft begeben hat, läuft Gefahr, Gott zuerst im andern, im Du zu suchen. Dies bleibt gewiss auch künftig ein erstrebenswertes Ziel – schliesslich heisst «christliches Leben»: Handeln aus Liebe zum Du – jedoch kann die Ausrichtung auf das Du nur ein Ergebnis der Selbstakzeptanz des Glaubenden sein.

Ich meine also ganz eindeutig, dass Glaubensfähigkeit bei der Akzeptanz des eigenen Körpers beginnen muss. Ein Mensch, der sich in seiner Leiblichkeit annehmen kann, bejaht seine körperlich-materielle, biographische Existenz. Die Bejahung des körperlichen Erscheinungsbildes – der Gestalt, des Aussehens – bildet die Grundlage für eine positive Beziehung zur eigenen psychischen Existenz. Ich kenne Menschen, die auf Grund ihrer gestörten Beziehung zum eigenen Körper auch erhebliche Schwierigkeiten haben, sich überhaupt in ihrem Dasein zu akzeptieren. Das ist verständlich; denn wer während vieler Jahre von seinen Eltern oder anderen Personen ständig gehört hat, er sei zu klein, zu lang gewachsen, zu dünn, zu dick, habe rote Haare, habe ein sommersprossiges Gesicht und ähnliche «nicht akzeptable» Merkmale, der muss erst durch einen längeren Lernprozess erfahren, dass er dennoch eine liebenswerte Persönlichkeit ist.

Mit der Betonung des Leiblichen beabsichtige ich allerdings auch nicht, Eitelkeit und narzisstische Züge als lobenswerte Verhaltensweisen hervorzuheben. Diese kennzeichnen lediglich einen anderen Weg der Kompensation von Mindergefühlen; nämlich eine Überbetonung des Körpers durch Attribute, durch die erst eine Selbstakzeptanz möglich wird.

Es geht mir darum, dem Leser bewusst zu machen, dass eine gestörte Beziehung zum eigenen Körper, dass eine Ablehnung des Leibes, dass eine Leibfeindlichkeit das Glaubensvermögen eines Menschen ungeheuer belasten wird.

- Wer sich in seiner körperlichen Existenz nicht mag, kann wohl nur schwer annehmen, dass er von Gott geliebt wird.

Durch die Akzeptanz des eigenen Leibes erhält die Beziehung des Menschen zu Gott besonderes Gewicht. Dabei trägt das Urvertrauen den Menschen über manchen Zweifel an seiner Leibhaftigkeit hinweg. Der spanische Mystiker Johannes vom Kreuz sagt über die Vereinigung der Seele mit

Gott folgendes: «Um nun zu verstehen, worin die zu behandelnde Vereinigung bestehe, muss man sich vergegenwärtigen, dass Gott in jeder Seele, auch in der des grössten Sünders auf der Welt, seinem Wesen nach zugegen ist und wohnt. Diese Art der Vereinigung zwischen Gott und allen Dingen, will sagen Geschöpfen, besteht immer; denn durch sie erhält er sie in ihrem Sein.»

Auf dem kontemplativen Weg begegnet der Mensch zuerst sich selbst. In seiner Leiblichkeit erfährt er sich durch das «Ich-bin». Das Bewusstsein des Ich-bin öffnet ihn in seiner Seelenbereitschaft für die Begegnung mit dem Göttlichen in ihm. Gefäss werden, das ist zunächst nur der Ausdruck der Bereitschaft, die den Körper für die Begegnung zur Verfügung stellt. Gefäss werden heisst auch: Leerwerden für das göttliche Du.

Mein körperliches Sein ist doch notwendig, um mich in meiner Bewusstheit zu begreifen. Der Sinn der Menschwerdung des einzelnen besteht ja auch darin, das Göttliche in sich aufzuspüren und es zu bewahren, zu behüten. Leerwerden für das göttliche Du in der Kontemplation bedeutet nun: Nachdem sich der Mensch in seiner Leiblichkeit akzeptieren kann, sich seines körperlichen Selbstwertes bewusst geworden ist, in der Gewissheit der Selbstakzeptanz lebt – sich selbst wieder zu verlassen, die Bedeutung des eigenen Ichs zurückzunehmen, sich aufzubereiten für die innigste Begegnung, zu der ein Mensch befähigt wird. Somit ist Leerwerden der Ausdruck höchsten Selbstwertes.

- Nur ein Mensch, der sich seines Selbstwertes voll bewusst wurde, kann sich auch wieder verlassen.

Das Selbstwertgefühl des Glaubenden erreicht seine intensivste Erfahrung, wenn die Ich-Bewusstheit zurückgenommen und einer göttlichen Du-Bewusstheit gewichen ist.

Gefäss werden heisst also auch: In der Begrenzung des Ichs durch den eigenen Körper den höchsten Selbstwert erfahren. Dieser Selbstwert nun wird durch das Erlebnis gekrönt, in Leib und Seele mit dem göttlichen Sein vereinigt zu werden.

Im Laufe der Jahre entwickelt sich daraus eine Bewusstseinshaltung – Staehelin nennt sie «Christusbewusstsein» –, die den Menschen relativ angstfrei werden lässt. Je intensiver ein Mensch in dem Bewusstsein lebt, dass er in seinem Herzen, in seiner Wesensmitte Raum geschaffen hat für die Begegnung mit Gott, desto geringer wird seine elementare Angst gegenüber den Ereignissen der ersten Wirklichkeit sein. Ein lebendiger Glaube an die Existenz des Göttlichen im eigenen Inneren ist es, der zur Angstbewältigung führt. Deshalb ist jeder nach Glauben und im Glauben Suchende bereits auf dem Wege, seine Ängste zu neuen Lebensinhalten umzugestalten. Die Ver-Körperung des Göttlichen im eigenen Leib, im Gefäss bildet die Grundlage für ein antriebsstarkes, handelndes, welt- und lebensbejahendes Interaktionsverhalten. «Der Mensch wird zu einem wirklichen Gefäss des göttlichen Seins, das offen ist, Boden hat und Wände, aufnehmen kann und ausgiessen kann. Der Mensch muss wissen und bezeugen können, dass so wie das Leben, das ihn umgibt in Raum und Zeit, so auch er selbst das göttliche Wort ist in verhüllter Gestalt. Der Ewige Meister in ihm wie der leibhaftige Meister in der Welt lehren ihn die Verhüllung entdecken und sie zum durchlässigen Medium für das Ewige im Endlichen zu verwandeln. Auf diesem Wege wird er immer deutlicher die Gegenwart Christi als die seines ewigen Meisters erfahren. Und die Forderung: die Welt 'in Christo' wahrzunehmen und den anderen 'in Christo' zu lieben, erfüllt sich wie von selbst im Leben des zur Wahrheit seines Wesens gereiften und aus ihm heraus lebenden Menschen.» (Dürckheim)

Zum Gefäss für das göttliche Sein werden wir durch die Änderung unseres Bewusstseins. Auch Paulus lässt in seinem 1. Brief an die Gemeinde in Korinth keinen Zweifel an der wirklichen Funktion des menschlichen Leibes. Er schreibt:

«Wisst ihr nicht, dass eure Leiber Glieder Christi sind?... Oder wisst ihr nicht, dass euer Leib ein Tempel des Heiligen Geistes ist, der in euch wohnt und den ihr von Gott habt? Ihr gehört nicht euch selbst; denn um einen teuren Preis seid ihr erkauft worden. Verherrlicht also Gott in eurem Leib!» (1 Kor 6, 15, 19-20)

Die Sinnfindung des Menschen der Gegenwart, sein Seinsverständnis muss sich wieder daran orientieren, inwieweit er Träger des Göttlichen in seiner Leiblichkeit ist. Gelingt ihm diese Orientierung nicht, bleibt ihm die wirkliche Weiterentwicklung seiner individuellen Persönlichkeit versagt. Wer in seiner Geistesbildung (Herzensbildung) reift, wird zum Empfangenden, zum reich Beschenkten.

3. Gelassenheit und Geduld

Auf dem kontemplativen Weg erlebt sich der Mensch in seiner Wesenstiefe. Aus dem Gläubigen wird allmählich ein Glaubender – das bedeutet: Nicht die kultische Gemeinschaft steht für die Gottesbegegnung an erster Stelle, sondern die eigene körperliche und seelische Bereitschaft, die sich für Gott im Inneren des Menschen öffnet.

- Der Glaubende lebt aus der Bewusstseinshaltung (dem Geist), dass Gott zuerst in ihm existiert und nicht in einer Institution, die vorgibt, wie das göttliche Sein zu verstehen sei.

Diese Bewusstseinshaltung braucht die Chance, wachsen zu können. Ohne Gelassenheit und Geduld ist kein tieferes religiöses Wachstum möglich. Mit «Gelassenheit» ist eine kontemplative Grundhaltung gekennzeichnet. Sie fühlt sich in Raum und Zeit eingebettet. Sie akzeptiert die Zeit als «grosses Haus», in dem Gott handelt. Im Buche «Kohelet», entstanden um die Mitte des 3. Jahrhunderts v. Chr., ist eine Anleitung zum Gelassensein formuliert:

> «Alles hat seine Stunde. Für jedes Geschehen unter dem Himmel gibt es eine bestimmte Zeit: eine Zeit zum Gebären und eine Zeit zum Sterben, eine Zeit zum Pflanzen und eine Zeit zum Abernten der Pflanzen, eine Zeit zum Töten und eine Zeit zum Heilen, eine Zeit zum Niederreissen und eine Zeit zum Bauen, eine Zeit zum Weinen und eine Zeit zum Lachen, eine Zeit für die Klage und eine Zeit für den Tanz; eine Zeit zum Steinewerfen und eine Zeit zum Steinesammeln, eine Zeit zum Umarmen und eine Zeit, die Umarmung zu lösen, eine Zeit zum Suchen und eine Zeit zum Verlieren, eine Zeit zum Behalten und eine Zeit zum Wegwerfen, eine Zeit zum Zerreissen und eine Zeit zum Zusammennähen, eine Zeit zum Schweigen und eine Zeit zum Reden, eine Zeit zum Lieben und eine zum Hassen, eine Zeit für den Krieg und eine Zeit für den Frieden... Gott hat das alles zu seiner Zeit auf vollkommene Weise getan.» (Koh 3, 1-8, 11)

In der Stille der kontemplativen Versenkung löst sich das Bewusstsein von allen Planungen und Zielen, die als Schatten des Rationalen auf die Seele fallen. Kontemplative Gelassenheit überlässt das Ich sich selbst, stützt sich nicht ab, erwartet nichts. Die Zeit atmet unmerklich im Ich.

Um Gelassenheit einüben zu können, ist eine körperlich entspannte Haltung notwendig. Das Sitzen auf einem Bänkchen, Hocker, Kissen oder Decken scheint mir eine besonders geeignete Körperhaltung zu sein, um in Entspannung und Konzentration zugleich verharren zu können. Innere und körperliche Gelöstheit (Gelassenheit) und waches Bewusstsein vereinigen sich in der kontemplativen Versenkung zu einer kaum beschreibbaren Harmonie.

Die Geduld ist die Schwester der Gelassenheit. Geduld setzt voraus, dass das menschliche Individuum in sich selbst ruht.

Wer zu seiner Mitte gefunden hat, wer sich von seiner Eigensteuerung führen lassen kann, der trägt die Grundlage für Geduld in sich. Der geduldige Mensch kann sich selbst «dulden», weil er in seinem Persönlichkeitskern Werte spürt, die unabhängig von äusseren Einflüssen existieren.

Der Geduldige kann warten. Und er wartet ohne Sehnsucht, ist nicht fixiert auf ein Ereignis. Sein Dasein genügt ihm, um seinen Selbstwert zu erleben.

Dagegen ist der Ungeduldige ein unruhiger Mensch. Er ist von dem ständigen Drang erfüllt, sich selbst erleben zu wollen. Dieser falsch verstandene Drang zur «Selbstverwirklichung» gebiert doch nur eine faule Frucht: die Egozentrizität. Der ungeduldige Mensch kann nicht tief genug wahrnehmen. Er hetzt gleichsam von Augenblick zu Augenblick, von Atemzug zu Atemzug. Ungeduld kennt kein Geniessen. So lebt ein solcher Mensch ziemlich oberflächlich, kaum zu einer tiefen menschlichen und kontemplativen Beziehung fähig.

Der kontemplative Weg lehrt Geduld. Regelmässiges bewusstes Tun fördert die Geduld. Wenn Sie tägliche Versenkungsübungen erleben, werden Sie ganz allmählich spüren, dass Ruhe in Sie einkehrt und Sie vielen Ereignissen Ihres Lebens mit Geduld begegnen werden. In der Kontemplation werden Sie selbst zu Geduld, zu einem entspannt Wartenden.

Kapitel VIII

Der kontemplative Geist

1. Salz der Erde – Licht der Welt
2. Offen für das Du
3. Der Weg ist das Ziel
4. Das Leben verlieren und gewinnen
5. Die Nachfolge annehmen

Geist heisst hier: Akzeptanz der Wirkung des Göttlichen im Menschen. «Heiliger Geist» ist also eine Bewusstseinshaltung, die zum Lieben führt. Liebe heiligt einen Menschen und damit heilt sie Menschen. Der Geist Gottes ist die Liebe, weil Gott die Liebe ist. Gott existiert in und zwischen Menschen, die sich wahrhaft lieben. Diese zwischenmenschliche Beziehung kann auch «Himmel» genannt werden.

Die Grenze zwischen sich und Gott zieht der Mensch. Nicht Gott ist es, der sich vom Menschen distanziert. Gott ist ewig und allgegenwärtig. Gott ist stets bereit. Er wartet auf den Menschen und erwartet ihn.

In der Kontemplation erspürt der Übende die Erwartungen Gottes. Doch mit «Erwartungen» sind hier nicht Postulate gemeint, sondern das Geöffnetsein Gottes für das menschliche Du. Der kontemplative Geist ist identisch mit dem göttlichen Geist: Es ist der Geist des Seins. In der Kontemplation verliert das Ich seine individuellen Grenzen. Diese Selbstaufgabe bildet die Grundlage, um das göttliche Sein wirklich erleben zu können. Der Geist des Habens ist angsterfüllt – der Geist des Seins kennt keine Angst.

Christus war vom kontemplativen Geist erfüllt. Uns diesen Geist zu vermitteln, war sein elementares Anliegen.

Der kontemplative Geist ist der Geist der Ich-Losigkeit. Erst die Befreiung vom Ich ermöglicht den Zugang zum Göttlichen. Wer daher kontemplativ lebt, hat sein Ich und die Bedürfnisse des Ichs weit hinter sich gelassen. Zum göttlichen Sein gelangt derjenige, der sich von allen Haben-Werten total getrennt hat. Ich werde in diesem Kapitel anhand von Stellen des Neuen Testamentes darlegen, wie sich der kontemplative Geist zeigt.

1. Salz der Erde – Licht der Welt

In der Bergpredigt sagt Jesus:

> «Ihr seid das Salz der Erde. Wenn das Salz seinen Geschmack verliert, womit kann man es wieder salzig machen? Es taugt zu nichts mehr; es wird weggeworfen und von den Leuten zertreten.
> Ihr seid das Licht der Welt. Eine Stadt, die auf einem Berg liegt, kann nicht verborgen bleiben. Man zündet auch nicht ein Licht an und stülpt ein Gefäss darüber, sondern man stellt es auf den Leuchter; dann leuchtet es allen im Haus. So soll euer Licht vor den Menschen leuchten, damit sie eure guten Werke sehen und euren Vater im Himmel preisen.» (Mt 5, 13-16)

Jesus spricht in Bildreden. Das verstehen auch wir heute noch. Die Aussage Jesu ist allgemeingültig. Sie beschreibt elementare Funktionen der Lebensgestaltung. Salz sein und Licht sein – das sind Aufgaben für Menschen, bei denen eine totale Identität vorausgesetzt wird. Ein Mensch, der ganz im Sein lebt, strahlt für andere diese Identität aus. Die Bildworte «Salz» und «Licht» symbolisieren den Geist der Selbstaufgabe. Salz und Licht erfüllen einen Sinn für den anderen.

2. Offen für das Du

Eine besondere Aufforderung zur Selbstüberwindung enthält die nächste Sequenz der Predigt Jesu.

> «Ihr habt gehört, dass gesagt worden ist: Auge für Auge und Zahn für Zahn. Ich aber sage euch: Leistet dem, der euch etwas Böses antut, keinen Widerstand, sondern wenn dich einer auf die rechte Wange schlägt, dann halt ihm auch die andere hin. Und wenn dich einer vor Gericht bringen

will, um dir das Hemd wegzunehmen, dann lass ihm auch den Mantel. Und wenn dich einer zwingen will, eine Meile mit ihm zu gehen, dann geh zwei mit ihm. Wer dich bittet, dem gib, und wer von dir borgen will, den weise nicht ab.» (Mt 5, 38-42)

Jesus geht es darum, einen neuen Geist in das Handeln und Verhalten des Menschen einzupflanzen. So knüpft er an die Lehre des Alten Testamentes an und stellt seine Empfehlungen gegenüber. Dies geschieht hier durch mehrere Bilder.

Der neue Interaktionsmodus, den Jesus lehrt, verlangt eine ständige Offenheit des Glaubenden für das Du. Der in Gott verankerte Mensch handelt nicht typisch menschlich. Der Geist Gottes befähigt zu einer Lebenshaltung, die für andere Menschen überraschend sein muss. Die totale Selbstüberwindung ist ein überaus deutliches Merkmal der Jesus-Nachfolge. Diese Verhaltensänderung gipfelt schliesslich im Abbau negativer Emotionen gegen das Du.

Der kontemplative Geist kennt keine Emotionen. Er ist Geist und nicht mehr an den Leib gebunden. Wo die Loslösung vom Ich begonnen hat, folgt bald die Verschmelzung mit dem Du. Jedoch nicht in possessiver Weise, sondern in verströmender und bergender, selbstloser Hingabefähigkeit.

Die Aufforderung, einem neuen Geist zu folgen, findet schliesslich ihren vorläufigen Höhepunkt in der Aussage:

«Ihr sollt also vollkommen sein, wie es auch euer himmlischer Vater ist.» (Mt 5, 48)

Es besteht wohl kaum ein Zweifel, dass damit ein deutlicher und harter persönlichkeitsbildender Weg gewiesen ist. Vollkommenheit kann ein Mensch nur in geistiger Hinsicht erlangen. Der «Vater», von dem Jesus spricht, meint den Seinsgrund in der Wesenstiefe des Menschen. Denn der Himmel beginnt im Herzen eines Menschen. Wer vollkommen ist – wie der Vater – begegnet seinem Nächsten wie der Vater.

Toleranz und Fremdakzeptanz gehören zur ethischen Basis dieses von Jesus gewünschten Interaktionsstiles.

Der kontemplative Mensch lebt aus dem kontemplativen Geist. Der kontemplative Geist aber existiert auf einer Bewusstseinsstufe, auf der das personale Ich seine individuellen Ängste verloren hat.

3. *Der Weg ist das Ziel*

Eigentlich gibt es in der kontemplativen Versenkung kein Ziel. Jedenfalls gilt dies für die weitere spirituelle Entwicklung des Übenden. Den kontemplativen Weg jedoch überhaupt eingeschlagen zu haben, das bedeutet für manchen ein erhabenes Ziel. Ein Mensch, der mit dem kontemplativen Geist in Berührung gekommen ist, ändert sein Leben.

Die Ermunterung dazu gibt Jesus mit folgenden Worten:

> «Geht durch das enge Tor! Denn das Tor ist weit, das ins Verderben führt, und der Weg dahin ist breit, und viele gehen auf ihm. Aber das Tor, das zum Leben führt, ist eng, und der Weg dahin ist schmal, und nur wenige finden ihn.» (Mt 7, 13-14)

Der Weg zu einem neuen Lebensgefühl kann nur der Weg der Selbstablösung sein. Jesu Aufforderung ist unmissverständlich. Aber auch seine Verheissung ist eindeutig: Wer sich für den schmalen Weg entscheidet, der erhält Leben. Was also ist hier «Leben»? Es ist wohl das sichere Grundgefühl, die elementare Lebensstimmung gemeint, das Göttliche für immer in sich zu tragen. Das göttliche Sein erfüllt dort die Wesenstiefe eines Menschen, wo er bereit war, sein Ich auszuräumen. Das allerdings gelingt nur jemandem, der sein Ich erfahren hat. Wer sein Ich noch gar nicht begriffen hat, kann es auch nicht verlassen. Selbstablösung ist also demjenigen am ehesten möglich, der sich an sein Selbst gebunden fühlte.

Dies ist bitte nicht mit Ignoranz zu verwechseln. Wer ignoriert, lässt sich oder andere nicht zu. Dies kann der Ausdruck einer Verhaltensstörung sein. Wer sich dagegen ablöst, weiss sehr wohl, wovon er sich ablöst und wofür er sich öffnet.

Der kontemplative Geist weist sonst keinen Weg. Das Sein in seinem Herzen zu erfahren – das ist das tragende Lebensgefühl. Ist dieses Sein bewusst geworden, hören das Suchen, die Bedürfnisse und Hoffnungen auf.

Im tiefsten Stadium der Gottesbegegnung benötigt der Mensch keine Hoffnung mehr; dies meine ich nicht resignativ. Nicht im Sinne eines verzweifelten, enthoffneten Menschen. Ich verstehe vielmehr eine Seinsgewissheit darunter, von der sich der Mensch getragen weiss; es ist gleichsam die Vollendung des Urvertrauens.

4. *Das Leben verlieren und gewinnen*

Das kontemplative Leben verlangt Selbstaufgabe. Jedoch keine erzwungene, aus institutionellen Normen abgeleitete Selbstaufopferung, sondern eine aus dem Herzen gewachsene Zuneigung zum göttlichen Urgrund in der eigenen Wesensmitte.

Jesus stellt eine deutliche Beziehung her zwischen emotionaler Abhängigkeit, Konfliktbereitschaft und Selbstverwirklichung. Er sagt:

> «Wer Vater oder Mutter mehr liebt als mich, ist meiner nicht würdig, und wer Sohn oder Tochter mehr liebt als mich, ist meiner nicht würdig. Und wer nicht sein Kreuz auf sich nimmt und mir nachfolgt, ist meiner nicht würdig. Wer das Leben gewinnen will, wird es verlieren; wer aber das Leben um meinetwillen verliert, wird es gewinnen.» (Mt 10, 37-39)

Jesus sieht seine wesentliche Aufgabe darin, die Menschen zur Entscheidung zu führen. Letztlich reifen wir nur durch und nach Entscheidungen.

Ein abhängiger Mensch kann nicht zur Erleuchtung gelangen. Sein Ich und die Befriedigung all seiner Wünsche stehen ihm im Wege. Emotionale Abhängigkeit bindet den Menschen an andere. Erst die Loslösung, das Loslassen von liebgewordenen Werten schafft ein Freisein für das Göttliche im Menschen. Jesus ist der Erleuchtete, der Vollendete, der Mittler zum göttlichen Urgrund hin. Sein Erscheinen personifiziert den kontemplativen Geist. Konfliktbereitschaft und Selbstakzeptanz bilden den fruchtbaren Boden, auf dem die Identifikation mit Jesus für uns wachsen kann.

Schliesslich führen Jesu Überlegungen zu einer zentralen Aussage: «Wer das Leben gewinnen will, wird es verlieren; wer aber das Leben um meinetwillen verliert, wird es gewinnen.» Offensichtlich handelt es sich um zwei verschiedene Auffassungen von «Leben». Ich bezeichne sie als «angstorientierte» und als «liebesorientierte» Lebensführung. Der angstorientierte Mensch klammert sich an jene Lebensinhalte, von denen er sich Sicherheit verspricht. Dabei spürt er kaum, dass seine Abhängigkeit von dieser «Art zu leben» ihn von sich selbst, seiner eigentlichen Wesenstiefe wegführt. Wer vordergründig, ängstlich materiell besorgt lebt, verliert sein inneres Leben.

Die liebesorientierte Lebensführung öffnet sich ganz für das Du. Wer bereit ist, sein Bewusstsein auf das göttliche Sein auszurichten, wer also frei geworden ist von Haben-Werten, der erfährt die tiefe Kraft des göttlichen Geistes.

An einer anderen Stelle äussert sich Jesus ähnlich:

> «Bleibt in mir, dann bleibe ich in euch. Wie die Rebe aus sich keine Frucht bringen kann, sondern nur, wenn sie am Weinstock bleibt, so könnt auch ihr keine Frucht bringen, wenn ihr nicht in mir bleibt. Ich bin der Weinstock, ihr seid

die Reben. Wer in mir bleibt und in wem ich bleibe, der bringt reiche Frucht; denn getrennt von mir könnt ihr nichts vollbringen. Wer nicht in mir bleibt, wird wie die Rebe weggeworfen, und er verdorrt.» (Joh 15, 4-6)

Der kontemplative Geist ist im göttlichen Leben verwurzelt. Von dort wird er genährt. Ohne den wärmenden Hauch des Göttlichen erstarrt, verdorrt, vertrocknet der Mensch. Er wird psychisch und dann meistens körperlich krank.

Wer kontemplativ lebt, lebt wirklich. Er gewinnt Lebensbeziehungen, nimmt tiefer wahr und fühlt sich im Lebensgeschehen wohl. Er lebt ganz in der Welt, aber er lässt die Welt nicht in seinem Innersten leben. Der kontemplativ Lebende geht keine Bindungen an das Materielle mehr ein. Drei Fragen zur Nicht-Bindung sind mir in der Lektüre eines indischen Meditationsbuches aufgefallen:

- Warum wünsche ich mir diesen Gegenstand oder dieses Erlebnis?
- Welch dauerhaften Vorteil gewinne ich durch seinen Besitz?
- Auf welche Weise würde mir sein Besitz zu grösserer Erkenntnis und Freiheit verhelfen?

In der kontemplativen Versenkung, im Stille-Werden hört die Bindung auf. Ich meine damit jegliche Herzensbindung. Das wirkliche Sein ist absolut, ist losgelöst von Wunscherfüllung. Johannes vom Kreuz sagt dazu: «Dieses Verzichten und sich Entäussern ist aber wie eine Nacht für alle Begehrungs- und Gefühlsvermögen des Menschen ... Will darum die Seele zur Vereinigung mit der göttlichen Weisheit gelangen, so muss sie danach mehr durch Nichtwissen als durch Wissen streben.»

Nichtwissen ist Nicht-Bindung. Kontemplation führt uns in die Nacht des Nichtwissens, hebt die Bindungen auf, die uns an unsere Selbstverwirklichung fesseln. Doch es ist eine heilige Nacht, in die wir eingehen, weil sie das Licht in sich trägt, das zum Göttlichen führt.

5. *Die Nachfolge annehmen*

Jesus hat uns Identifikationsangebote unterbreitet. Dadurch wurde er zum Meister und Lehrer für uns. Die entscheidende Identifikation, zu der ein Meister auffordern kann, ist jene, sein Leben nachzuahmen. Ich glaube, dass es dem Meister wesensimmanent ist, zur Nachfolge zu rufen.

Ein wirklicher (religiöser) Meister überzeugt durch sein Leben. Leben wird gelebte Lehre. Zur Zeit Jesu gab es einige Menschen, die ihm nachfolgen wollten. Der Evangelist Lukas berichtet.

> «Als sie auf ihrem Weg weiterzogen, redete ein Mann Jesus an und sagte: Ich will dir folgen, wohin du auch gehst. Jesus antwortete ihm: Die Füchse haben ihre Höhlen und die Vögel ihre Nester; der Menschensohn aber hat keinen Ort, wo er sein Haupt hinlegen kann. Zu einem anderen sagte er: Folge mir nach! Der erwiderte: Lass mich zuerst heimgehen und meinen Vater begraben. Jesus sagte zu ihm: Lass die Toten ihre Toten begraben; du aber geh und verkünde das Reich Gottes! Wieder ein anderer sagte: Ich will dir nachfolgen, Herr. Zuvor aber lass mich von meiner Familie Abschied nehmen. Jesus erwiderte ihm: Keiner, der die Hand an den Pflug gelegt hat und nochmals zurückblickt, taugt für das Reich Gottes.» (Lk 9, 57-62)

Jesus nachzufolgen, verlangt eine radikale Neuorientierung. Ja, es scheint wohl ein grosses Risiko zu sein, sich auf die Pfade Jesu zu begeben. Und Jesus warnt: «Die Füchse haben ihre Höhlen und die Vögel ihre Nester; der Menschensohn aber hat keinen Ort, wo er sein Haupt hinlegen kann.»

Für mich kommt hierin der kontemplative Geist unmissverständlich zum Ausdruck. Jesus reduziert die Lebenswerte auf einen einzigen: auf das Sein schlechthin. Wenn ich unter diesem Gesichtspunkt den Lebensstil von Amtsträgern im kirchlichen Leben betrachte, so sehe ich weit und breit keine Spur von Jesus-Nachfolge.

An der Intention Jesu hat sich bis heute nichts geändert. Zum Sein dringt nur vor, wer sich im täglichen kontemplativen Gebetsleben eine innere Unabhängigkeit von Fremdbestimmung errungen hat. Die Identität mit Jesus verlangt also Selbstaufgabe. Das kontemplative Ich hat keine Erwartungen mehr. Erst diese Grundstimmung vermittelt das Gefühl von wirklicher Freiheit. Freisein vom Ich für die Begegnung mit dem göttlichen Du.

Nach Jesu Auffassung taugt am ehesten für das Reich Gottes, wer die Bedingungen der Nachfolge annehmen kann. Das Reich Gottes jedoch ist in der Wesensmitte des Menschen zuerst angesiedelt und nicht über den Wolken des Himmels zu suchen. Es ist die geistige Existenz, also das wahrhafte Sein in uns angesprochen. Damit erhält jeder, der sich in die Jesus-Nachfolge begibt, deutliche Hinweise für seine persönliche Lebensgestaltung. Der Geist eines kontemplativen Lebens wird zur Basis für künftiges Handeln. In diesem Handeln gibt es kein Zögern, weil es keine Angst vor Niederlagen gibt. Wer die Grenzen seines Ichs eingerissen hat, braucht um seine Existenz nicht mehr zu fürchten.

Der materielle Reichtum, das Streben nach Haben-Werten hindert die meisten Menschen daran, die Nachfolge Jesu anzunehmen. Vielen fehlt die Einsicht, dass Reichtum und Nachfolge nicht vereinbar sind.

> «Es kam ein Mann zu Jesus und fragte: Meister, was muss ich Gutes tun, um das ewige Leben zu gewinnen? Er antwortete: … Wenn du aber das Leben erlangen willst, halte die Gebote! Darauf fragte er ihn: Welche? Jesus antwortete:

Du sollst nicht töten, du sollst nicht die Ehe brechen, du sollst nicht stehlen, du sollst nicht falsch aussagen; ehre Vater und Mutter! Und: Du sollst deinen Nächsten lieben wie dich selbst! Der junge Mann erwiderte ihm: Alle diese Gebote habe ich befolgt. Was fehlt mir jetzt noch? Jesus antwortete ihm: Wenn du vollkommen sein willst, geh, verkauf deinen Besitz und gib das Geld den Armen; so wirst du einen bleibenden Schatz im Himmel haben; dann komm und folge mir nach. Als der junge Mann das hörte, ging er traurig weg; denn er hatte ein grosses Vermögen.
Da sagte Jesus zu seinen Jüngern: Amen, das sage ich euch: Ein Reicher wird nur schwer in das Himmelreich kommen. Nochmals sage ich euch: Eher geht ein Kamel durch ein Nadelöhr, als dass ein Reicher in das Reich Gottes gelangt.» (Mt 19, 16-24)

Jesus kritisiert wohl nicht den Reichtum; vielmehr stört ihn die Habgier, die den Reichtum ständig umklammert, ihn vergrössert. Wer ständig nach Reichtum strebt, hat keinen Sinn und keine Gelegenheit zum Lieben.
Wo aber die Liebe fehlt, erstarrt die zwischenmenschliche Beziehung; dort berühren sich Menschen mit kalten Händen und leeren Augen.

Kapitel IX

Ausblick

1. Die Wertverschiebung
2. Die christliche Individuation

1. *Die Wertverschiebung*

Zur Wesensmitte zu gelangen, in sich selbst zentriert zu werden – das halte ich für die entscheidende Lebensaufgabe eines Glaubenden. Ein Mensch lebt in seiner «Mitte», wenn er trotz negativer äusserer Umstände körperlich und psychisch in einem stabilen Lebens-Grundgefühl verwurzelt bleibt.

Bei den meisten Menschen der Gegenwart ist ein deutlicher «Verlust der Wesensmitte» zu beobachten. Ich nenne hier einige Merkmale, an denen ich diesen Mangel an innerer Ausgewogenheit und Sicherheit bemerkt habe:

- Übersteigerte Lebensaktivität als Flucht oder als Kompensation
- Häufige Resignation bis hin zu stark depressivem Verhalten
- Leichte psychische Verletzbarkeit – häufige Gereiztheit
- Intensiver werdende Ängste
- Zunehmende Schwäche im Ausdruck von Gefühlen
- Verlust des Vertrauens und Selbstwertes
- Maskenhafte Kommunikation
- Psychosomatische Krankheiten.

Aus diesen Verhaltensstörungen ergeben sich für den einzelnen Erfahrungen, die ich mit den «drei K» umschreibe: Krisen, Konflikte, Krankheiten. Ich ordne diesen Phänomenen im seelisch-körperlichen Bereich eine fundamentale therapeutische Funktion zu.

Nun gibt es in unserem Leben fast eine Gesetzmässigkeit, nach der sich unsere Lebensaufgaben und Lebensinhalte in beinahe regelmässigen Abständen verändern. Etwa alle sieben Jahre zeigen sich im individuell-biographischen Geschehen eines Menschen Ereignisse, durch die sich die Bedingungen für die Lebensgestaltung ändern. Nach der Einschulung im siebten Lebensjahr folgt sieben Jahre später im allgemeinen die berufliche Weichenstellung. Nach der körperlichen Reifung wird nach dem einundzwanzigsten Lebensjahr die charakterliche Pubertät beendet, ein Zeitpunkt also, an dem die Mündigkeit für bestimmte Entscheidungen gegeben sein kann. Mit dem achtundzwanzigsten Lebensjahr tritt nach einer Familiengründung die Aufgabe der Vater- und Mutterschaft in das Leben des einzelnen ein.

Zwischen dem dreissigsten und vierzigsten Lebensjahr beobachten wir eine relativ ruhige und stabilisierende Phase. Einen entscheidenden Aufbruch erlebt der Mensch zwischen dem vierzigsten und fünfzigsten Lebensjahr. Publizisten haben diese Zeit als die «Krise in der Lebensmitte» bezeichnet. Ich schliesse mich jedoch dem tiefenpsychologischen Sprachgebrauch an und nenne diese Zeitspanne die «Wertverschiebung».

In der Wertverschiebung kann es eine fundamentale, existentielle Änderung des Lebensstiles, der Lebensauffassungen und damit der Lebensinhalte geben. In manches Menschenleben bricht die neue Lebensorientierung mit solcher Heftigkeit ein, dass der Betroffene selbst und seine Lebenspartner sich von einer «psychischen Staubwolke» eingehüllt fühlen – und deshalb oft füreinander nicht mehr den klaren Blick haben. An welchen Merkmalen nun ist die Wertverschiebung zu erkennen?

Nun, zunächst gelten all jene Veränderungen an einem Menschen als Merkmale, aus denen eine Verschiebung der bisher gültigen Werteskala erkennbar ist. Und schliesslich zeigt dies ja ein Mensch. Es ist ja möglich, an jemandem zu beobachten, ob er sein Leben geändert hat. Auffallend wird für den Beobachter sein, dass fast immer eine Intensivierung des Lebensstiles, der Lebensgewohnheiten des einzelnen eintritt.

Zunächst einige Bemerkungen zum privat-persönlichen Leben. Hier zeigt sich die Wertverschiebung an folgenden Phänomenen:

a) Die Gesprächsthemen ändern sich. Während in früheren Zeiten mehr Haben-orientierte Themen die Kommunikation des Alltags bestimmten, treten jetzt Sein-orientierte Gesichtspunkte stärker in den Mittelpunkt. So fragen sich viele Menschen nunmehr nach ihrer wirklichen Identität, nach ihrem tieferen Lebenssinn. Lebensängste können intensiver werden, klingen dann jedoch wieder ab, sobald eine Antwort auf die Sinnfrage gegeben ist.

Zu den neuen Gesprächsthemen gehören aber auch Religion und Partnerschaft. Viele Menschen lassen in dieser Zeit frühere Glaubensinhalte hinter sich und wenden sich einer anderen ethischen Wertordnung zu.

b) Partnerschaftliche Beziehungen ändern sich. In die Beziehung zwischen Mann und Frau treten häufiger Konflikte. Diese weiten sich im allgemeinen zu existentiellen Krisen aus. Nicht selten werden Ehen aufgelöst, neue partnerschaftliche Beziehungen geknüpft.

c) Psychosomatische Krankheiten brechen die verkrustete Persönlichkeitsstruktur auf. Vor allem bei rational lebenden und handelnden Menschen gibt es hier eine Bewusstseinserweiterung durch die Krankheit. Wer während vieler Jahre seine emotionalen Inhalte verdrängt, zugeschüttet hat, braucht sich nicht zu wundern, dass sein Unbewusstes «die Notbremse über die Krankheit zieht».

Im beruflichen Bereich zeigt sich die Wertverschiebung in einer Neubesinnung auf die wirklichen Inhalte. So lehnen zahlreiche Führungskräfte eine mögliche Beförderung in eine hierarchisch höhere Position ab, weil sie «auch noch Zeit für sich haben möchten». Viele Personen wechseln den Arbeitsplatz, weil sie sich ruhigere Bedingungen versprechen.

Die Wertverschiebung ist eine grossartige Chance, zu einer Selbstfindung zu gelangen, die unter bisher strukturierten biographischen Bedingungen kaum möglich war. Letztlich lernen in dieser Lebensphase viele Menschen, ihre Gefühle als handlungsleitende Kriterien zuzulassen.

2. *Die christliche Individuation*

Darunter verstehe ich die Selbstwerdung eines Glaubenden, die ihn befähigt, nach einer oder mehreren Krisen sich selbst besser begreifen zu können.

Eine Kurzgeschichte, die auf der Rückseite eines religiösen Wochenblattes stand, bot mir selbst die Gelegenheit zur tieferen Reflexion. Die Geschichte lautet so:

> «Eines Nachts hatte ich einen Traum – mir träumte, dass ich mit dem Herrn am Ufer des Meeres entlangging. Am Himmel flammten Szenen aus meinem Leben auf. Bei jeder Szene entdeckte ich zwei Paar Fussabdrücke im Sand – ein Paar war von mir, das andere Paar vom Herrn. Als die letzte Szene meines Lebens aufflammte, sah ich mich um nach den Fussspuren im Sand. Ich bemerkte, dass oftmals auf meinem Lebenspfad nur *eine* Fussspur zu sehen war. Und es fiel mir auf, dass dies immer während der dunkelsten und traurigsten Zeiten meines Lebens geschehen war. Dies bewegte mich sehr, und ich fragte den Herrn, weshalb das so sei; und ich sagte zum Herrn: 'Herr, als ich mich entschloss, dir nachzufolgen, versprachst du mir, meinen *ganzen* Weg mit mir zu gehen. Nun habe ich aber bemerkt, dass in den schwersten Zeiten meines Lebens nur *ein* Paar Fussabdrücke zu sehen ist. Ich verstehe nicht, warum du mich allein gelassen hast, als ich dich am allermeisten nötig hatte.' So sprach ich zum Herrn. Der Herr antwortete mir: 'Mein liebes Kind, ich liebe dich und würde dich nie, nie allein lassen. Ich habe dich auch nie allein gelassen während der Zeiten des Leidens und der Anfechtung. Wenn du nur *ein* Paar Fussabdrücke an einigen Stellen deines Lebenspfades gesehen hast, so war dies deshalb – weil ich dich getragen habe.»

Die Ängste des Christen, allein gelassen, «von Gott und der Welt verlassen» zu sein, sind zwar existent; sie werden jedoch bewältigt durch das Alleinsein mit Gott. Ein Glaubender ist niemals allein – räumlich, lokal vielleicht, aber nicht in seiner Wesenstiefe. Und wenn der Mensch Gott nicht spürt, so könnte dies auch schon ein Zeichen dafür sein, die Grenzen des eigenen Ichs aufgehoben zu haben und in das unendliche göttliche Sein zu blicken.

Die christliche Individuation verwirklicht die Intentionen Jesu Christi im je eigenen Leben. Sie internalisiert jene Interaktionsregeln in die eigene Persönlichkeitsstruktur, die Jesus allen hinterlassen hat, die ihm nachfolgen wollen.

Ich wünsche Ihnen, lieber Leser, auf Ihrem Weg zur Selbstfindung Geduld und Bescheidenheit.

Literaturverzeichnis

In dieser Aufstellung sind jene Werke enthalten, aus denen ich zitiert habe, aber auch jene, die ich als ergänzende Literatur zur Lektüre empfehle.

Die Heilige Schrift, Einheitsübersetzung, Verlag Katholisches Bibelwerk GmbH, Stuttgart 1980.

Beck, Dieter: Krankheit als Selbstheilung, Insel Verlag Frankfurt 1981.

Dürckheim, Karlfried: Der Ruf nach dem Meister, Otto Wilhelm Barth Verlag 1975.

Fischle-Carl, Hildegund: Fühlen was Leben ist, Kreuz Verlag, Stuttgart 1977.

Frère Roger: Die Regel von Taizé, Herderbücherei Nr. 365, Freiburg 1976.

Fromm, Erich: Haben oder Sein, Deutsche Verlags-Anstalt, Stuttgart 1976.

Fromm, Erich: Die Seele des Menschen, Deutsche Verlags-Anstalt, Stuttgart 1980.

Govinda, Lama Anagarika: Schöpferische Meditation und multidimensionales Bewusstsein, Aurum Verlag, Freiburg 1982.

Govinda, Lama Anagarika: Der Weg der weissen Wolken, Scherz Verlag Bern München Wien 1981.

Johannes vom Kreuz: Sämtliche Werke in fünf Bänden, Kösel-Verlag zu München 1967.

Jungclaussen, Emmanuel: Beten mit Franz von Assisi, Herder Verlag Freiburg 1976.

Kirchner, Baldur: Sprechen vor Gruppen, Klett Verlag Stuttgart 1980.

Kirchner, Baldur: Fussspuren im Sand, in: Christus- vor Selbstverwirklichung, Novalis Verlag Schaffhausen 1983.

Nouwen, Henri I.M.: Ich hörte auf die Stille, Herder Verlag Freiburg 1978.

Okumura, Ichiro: Erwachen zu Gott, Verlag Gerhard Kaffke, Bergen-Enkheim 1976.

Picard, Max: Die Flucht vor Gott, Eugen Rentsch Verlag Erlenbach ZH 1980.

Rattner, Josef: Der schwierige Mitmensch, Fischer Taschenbuch, Frankfurt 1973.

Richter, Horst E.: Der Gotteskomplex, Rowohlt Verlag Hamburg 1979.
Ringel, Erwin: Selbstschädigung durch Neurose, Herder Verlag Wien 1973.
Staehelin, Balthasar: Haben und Sein, Theologischer Verlag Zürich 1969.
Staehelin, Balthasar: Die Welt als Du, Theologischer Verlag Zürich 1970.
Staehelin, Balthasar: Urvertrauen und zweite Wirklichkeit, Theologischer Verlag Zürich 1973.
Staehelin, Balthasar: Der psychosomatische Christus, Novalis Verlag Schaffhausen 1980.
Staehelin, Balthasar: Das marianische Unbewusste, Novalis Verlag Schaffhausen 1983.
Tagore, Rabindranath: Sadhana – Der Weg zum wahren Leben, Hyperion-Verlag Freiburg 1960.